目錄
CONTENTS

目錄 CONTENTS

目錄 CONTENTS

非洲
AFRICA

埃及

EGYPT

جمهوريّة مصر العربيّة

埃及是一個地跨亞、非兩大洲的國家，國土大部分位於非洲東北部，而蘇伊士運河以東的西奈半島則位於亞洲西南部，國土西連利比亞，南接蘇丹，東臨紅海，並與巴勒斯坦、以色列接壤，北瀕地中海，海岸線長約2,900公里，全境乾燥少雨。埃及是世界四大文明古國之一，相傳，「埃及」的名字來源於古城孟斐斯，意思是「黑顏色的土地」。在這片土地上，人類文明在古老的尼羅河畔生息、繁衍，為後人留下了太多真實的奇蹟，以及縹緲的謎團。

🌍 自然地理

埃及全境96%是乾旱的沙漠，尼羅河縱貫國土南北，注入地中海，兩岸形成狹長的河谷，入海處形成了2.4萬平方公里的三角洲。蘇伊士運河是連接歐、亞、非三

國家檔案

全名	埃及阿拉伯共和國
面積	100.15萬平方公里
首都	開羅
人口	9,569萬（2016年）
民族	阿拉伯人約占87%，科普特人約占11.8%，希臘東正教、天主教等其他基督教徒約25萬，以及少數猶太人
語言	官方語言為阿拉伯語，中上層通用英語，法語次之
貨幣	埃及鎊
主要城市	開羅、亞歷山大港、盧克索、法尤姆、塞得港

大洲的交通要道。全境乾燥少雨，尼羅河三角洲和北部沿海地區屬地中海氣候，其餘大部分屬熱帶沙漠氣候，炎熱乾燥，年均降水量不足40毫米，水源奇缺，動植物難以生存，因此，埃及被人們稱為「惡魔之地」。

尼羅河在開羅以北分成了兩支，呈扇形向地中海平疇開展，這一帶就是著名的尼羅河三角洲。尼羅河每年定期氾濫，退去的洪水為三角洲留下了非洲最肥沃的土壤。

生命之水尼羅河

埃及的大部分國土屬於不適宜人類居住的沙漠地帶，尼羅河幾乎是埃及唯一的地表水源，在埃及境內長1,530公里，是維繫著這個文明古國發展與繁榮的生命線。尼羅河是世界第一長河，它發源於東非蒲隆地高地，蜿蜒6,671公里，流經坦尚尼亞、蘇丹等國家，最後在埃及入海，大部分河段在蘇丹和埃及兩國。上游和中游河段被稱為白尼羅河，流入蘇丹的喀土穆後，又有發源於衣索比亞高原塔納湖的藍尼羅河匯入。藍、白尼羅河在喀土穆匯合後始稱尼羅河，也就是尼羅河的下游河段，埃及境內的尼羅河就是這一河段，其間有著名的「尼羅河六瀑布」，亞斯文高壩就是在第一瀑布處修建的。河流在開羅以北入海，沿海形成了尼羅河三角洲，成為世界古老文明的發祥地之一，古代的埃及人就是在此利用尼羅河的洪水進行灌溉、發展農業的，創造出了輝煌燦爛的人類文明。

西奈半島整個地貌屬於高原地形，大部分地區屬於沙漠地帶。

西奈半島

西奈半島屬埃及國土的亞洲部分，位於亞洲西部，北瀕地中海，形狀大致呈三角形，面積約6.1萬平方公里，占全國面積的6%。有許多乾谷貫穿半島，南部地勢高峻，有不少高度超過2,000公尺的山峰，其中凱薩琳山海拔2,637公里，是埃及的最高峰；半島中部是提赫高原，平均高約1,000公尺，向北緩傾成為以沙漠為主的平原。西奈半島連接著亞、非兩大洲，是非洲、歐洲通往阿拉伯半島和波斯灣的要道，地理位置極為重要。沿蘇伊士灣有阿布魯代斯等油田、氣田，以及石膏礦和錳礦，地中海沿岸的阿里什以南還蘊藏著豐富的煤礦，這些都是埃及財富的重要來源。

沙漠與綠洲

埃及在地質構造上屬北非台地，地形以高原為主，大部分海拔200公尺～700公尺，沙漠廣布，尼祿河谷地的兩側都屬於沙漠高原。河谷以西為廣闊的利比亞沙漠高原，約占國土總面積的2/3，自南向北降低，其中西南部的大吉勒夫高原海拔700公尺～1,000公尺，分布著種類各異的礫質、砂質和石質沙漠；尼祿河谷地中部以西，是廣闊綿延的沙丘帶，長達數百公里，沙漠中分布著一系列低地，如蓋塔拉窪地、奈特倫低地等。其中最大的蓋塔拉窪地面積近2萬平方公里，有70%的地面在海平面以下50公尺，最低處達134公尺，氣候惡劣，水源奇缺，與低地並存的是一塊塊綠洲，這些綠洲與奈特倫低地是埃及西部沙漠中重要的農耕區。

經歷數千年的滄海桑田，當世界
七大奇蹟中的其他六個都已不復
存在，唯有古埃及的金字塔屹立
在古老的尼羅河畔，為遠古時代
的輝煌留下偉大的見證。

🏛 歷史文化

埃及，一個古老而神奇的名字，一個傳承了數千年的文明，自原始的洪荒年代起，埃及就一直是個充滿誘惑的國度。波光瀲灩的尼羅河水，黃沙烈日下屹立千年的金字塔，神祕莫測的圖坦卡門王詛咒，陷落海底的亞歷山大港燈塔……沒有任何古老的文明能像埃及生動地展現著自己。埃及是真實的，埃及是夢幻的，埃及為世界留下了太多的傳奇。

象形文字書寫方式有直式和橫式兩種，直式從上向下寫，橫式從左向右寫。

法老時代

西元前4000年，埃及已出現最早的國家，其後經歷了古王國時代、希克索斯人入侵，第十七王朝國王雅赫摩斯一世重新統一埃及，將法老定為國王正式頭銜，建立了著名的第十八王朝，即法老時代的開端。這是埃及歷史上最為強盛輝煌的時代，曾稱霸西亞和北非，建立起一個北至敍利亞北部、南抵尼羅河第四瀑布的強大軍事帝國。與此同時，得到法老寵信的阿蒙神祭司集團勢力日益膨脹，為此法老阿蒙霍特普四世進行了廢除阿蒙神的宗教改革，但他死後改革即被廢止。終導致了第二十一王朝時祭司長僭權成為埃及的實際統治者，法老時代漸趨衰落，直至亞歷山大軍隊占領埃及，法老時代最終結束。

古老的象形文字

古埃及的象形文字是世界上最古老的文字體系之一，是古代埃及人直接描摹物體形象的文字符號。自西元前3500年起逐漸形成，一直使用到2世紀。古埃及的象形文字是由原始的圖畫符號演變而來的，按符號在文字體系中的作用可分為表意文字和表音文字兩類。據統計，當時經常使用的文字符號共計700個左右。這些象形文字是古埃及人步入文明時代的象徵，也是研究古埃及文化的重要依據。

埃及的象徵：大金字塔

金字塔是埃及文明的象徵，也是埃及最令人心馳神往的古蹟。在埃及已發現和發掘出的金字塔有90餘座，規模最大的是開羅西南吉薩高地上的3座大金字塔。其中被認為是第四王朝第二位法老胡夫陵墓的大金字塔，是已發現的金字塔中最大的一座，也是世界上體量最大的單體建築之一。它的西南方是被稱為卡夫拉的金字塔，體積略小；與其毗連的是高度約為胡夫金字塔一半的一座金字塔，被稱為孟卡拉金字塔。3座大金字塔的周圍還有3座小金字塔、獅身人面像以及一些神殿，它們共同構成了埃及吉薩高地的古建築群。

阿布辛貝神殿

　　埃及的阿布辛貝神廟是一個雕鑿在懸岩上的奇蹟。它建造於埃及第十九王朝法老拉美西斯二世統治時期。神廟在尼羅河西岸的峭壁上鑿成，高約33公尺，寬約37公尺。正面4個巨大雕像即法老拉美西斯二世本人，它們逼真地再現了法老的形象，其中的一個由於地震破壞而缺損了頭部。在4尊雕像的小腿之間有一些小雕像，為拉美西斯二世的妻子和兒女。神廟內的石壁上有圖畫和象形文字，描述拉美西斯二世執政期間的生活情景、與西臺人的戰爭等。阿布·辛貝神廟就是拉美西斯二世為了紀念對努比亞人的勝利而修建的，是埃及文明堅定不移的意志的象徵。

隱匿著財富、神祕和死亡詛咒的帝王谷，現今只剩下空空的軀殼。

不平靜的陵墓：帝王谷

　　自從法老們意識到金字塔由於目標過於顯著、容易招致盜墓者後，便將陵墓工程轉入了隱蔽的地下。坐落在尼羅河西岸，由於聚集了自法老圖特摩斯一世以後歷代法老的陵墓而被稱為「帝王谷」。法老們命人在峭壁上開鑿出隧道作為墓穴，在幽閉的地下，堆放了無數價值連城的隨葬品，洞口封閉後，墓穴便與世隔絕。這些隱祕的地下工程為法老們維護了幾千年的安寧之後，還是未能逃過處心積慮的珍寶發掘者們靈敏的嗅覺。隨著象形文字的破譯，1817年義大利冒險家貝爾佐尼在這裡發現了第一座陵墓，從此開始帝王谷橫遭劫難。僅僅100年時間，從最早西索斯一世到最後的圖坦卡門，無數墓葬中一切有價值的東西都被洗劫一空，今天，空闊的山谷墓穴中，只餘下了歷盡滄桑的古老靈魂們輕聲的嘆息。

阿布辛貝神殿的門首，法老莊重的目光凝視著前方，引導埃及精神永遠保持堅定向前的方向。

坐落在開羅的埃及博物館是世界大博物館之一，著名的圖坦卡門法老墓出土的黃金王棺和黃金面具都收藏在這裡。

🏛 城市和地區

翻過古老塵封的歷史，今天的埃及已經是個充滿伊斯蘭教色彩的阿拉伯國家，然而開羅、亞歷山大港、塞得港等大都會快節奏的生活、鄉村寂靜而誘人的自然景色、以及熱情好客又富幽默感的阿拉伯人民，無不使人深深感到埃及不僅僅是擁有古蹟而已，繁榮的古代文明並沒有掩蓋埃及為其經濟發展和人民溫飽而奮鬥的成就。

第一大城開羅

埃及的首都開羅，是非洲第一大城市、重要的國際交通樞紐、世界著名的歷史文化古城。它位於尼羅河三角洲頂點以南14公里的地方，是全國最大的經濟中心和金融中心，全國主要公路和鐵路都在此交會，與國內各大城市往來方便。開羅既是一座世界文化古都，也是西亞及北非地區的文化中心，有市區週邊舊城中歷史悠久的清真寺古蹟，又有尼羅河畔新城的高樓大廈；有吉薩高地的大金字塔，又有為其帶來「千塔之城」美譽的400多座古老的伊斯蘭教清真寺，今日的開羅已是個充滿了古埃及遺風的阿拉伯大都會，是一座古老與現代並存的都市。

亞歷山大港

亞歷山大港位於尼羅河三角洲西側，與法羅斯島相連，地處亞、非、歐三大洲海上航路，是埃及最大的海港、全國第二大城市，也是地中海沿岸最優良的港口之一。亞歷山大港至今已有2,000多年歷史，經歷了希臘、羅馬、拜占庭、阿拉伯帝國、鄂圖曼土耳其帝國等幾個王朝，幾經破壞和恢復發展，成為今日的現代化都市和重要的國際港口。亞歷山大港分東、西兩港，東港較淺，為漁港和海上遊覽區；西港較深，為商港和軍港。城市地處地中海濱，氣候宜人，是著名的旅遊勝地，世界七大奇蹟之一的亞

古城上的盧克索

盧克索是位於埃及南部的歷史古城和著名旅遊中心。它位於尼羅河右岸、古埃及王國首都底比斯南半部的遺址上。底比斯是埃及中王朝和新王朝的首都，也是當時世界上最大的城市之一，因此為今天的盧克索留下了大批廟宇、宮殿、雕像、陵墓等古蹟，使其成為蜚聲全球的文明古蹟。古蹟中最著名的有位於市中心河岸上的盧克索神廟、距市中心不到10公里的卡奈克神廟等等，其中卡奈克神廟是底比斯古代建築群中的傑出代表、埃及最宏偉的神殿，也是當今

在開羅等現代化大城市中，有些婦女又重新戴上了面紗，她們認為這是抵制西方生活方式的一種最有效的做法。

歷山大港法羅斯燈塔（現已毀）就建於此。

亞斯文

亞斯文是埃及亞斯文省的首府，是整個埃及最漂亮、最整潔的城市。亞斯文是埃及和其他非洲國家進行貿易的重要中轉站，也是通往蘇丹的門戶。它位於尼羅河的東岸，距離開羅900公里。歷史上，亞斯文是埃及南部通向努比亞的門戶，在古埃及時代，亞斯文曾經是埃及與蘇丹、衣索比亞進行貿易的中心，亞斯文市內保留有大量的寺廟和陵墓，如著名的菲萊神廟、阿布·辛貝神廟等。

盧克索神廟前那羊首獅身的斯芬克斯大道寬闊壯觀，連接著不遠處的卡奈克神廟。

世界上僅存的規模最大的古代廟宇，被視為古代世界建築中的一個奇蹟。在盧克索附近的山谷中，大約隱藏著500多座古代陵墓，著名的帝王谷就坐落於此，為這座歷史文化名城增添了一層神祕色彩。

錫瓦綠洲

埃及96%的國土屬於沙漠地帶，但在這些不毛之地中也分布著一系列綠洲，錫瓦綠洲就是其中之一。它位於埃及西部的利比亞沙漠中，低於海平面約20多公尺。這裡有200多處天然泉水，土地肥沃。居住在這片綠洲上的主要是由埃及、柏柏爾、蘇丹等民族長期混雜居住發展成的錫瓦人，他們有自己傳統的民俗和生活習慣，雖然已經伊斯蘭化，但又與現代的埃及人有所不同。綠洲內還有著名的「死人山」陵墓群，是埃及珍貴的考古遺址之一。

享譽世界的埃及調料。

阿爾及利亞

ALGERIA

الجمهورية الشعبية الديمقراطية الجزائرية

阿爾及利亞位於非洲西北部，東鄰突尼西亞、利比亞，南與尼日、馬利和茅利塔尼亞接壤，西與摩洛哥、西撒哈拉交界，北臨地中海，海岸線長1,200公里。北部沿海地區屬地中海型氣候，中部為熱帶草原氣候，南部為熱帶沙漠氣候。西元前3世紀，在阿爾及利亞的北部建立過兩個柏柏爾王國，後羅馬、拜占庭、阿拉伯、西班牙、土耳其和法國先後入侵，1905年全部淪為法國殖民地，1962年7月正式宣布獨立。

國家檔案

全名	阿爾及利亞民主人民共和國
面積	238.17萬平方公里
首都	阿爾及爾
人口	4,061萬（2016年）
民族	大多數為阿拉伯人，其次為柏柏爾人，少數民族有姆札布族和泰瓦里格族
語言	官方語言為阿拉伯語和柏柏爾語，通用法語
貨幣	阿爾及利亞第納爾
主要城市	阿爾及爾、奧蘭、君士坦丁

阿爾及爾是阿爾及利亞的首都，位於地中海南岸的阿爾及爾灣西側。「阿爾及爾」在阿拉伯語中意為「群島」，因附近的海灣中有很多小島而得名，是阿爾及利亞最重要的港口城市。

古城君士坦丁

君士坦丁是阿爾及利亞境內一座古羅馬時期遺留下來的城市。地處阿爾及利亞東北部3面被峽谷所環繞的台地中，位於一個海拔約650公尺～700公尺的平頂孤丘上，西距首都阿爾及爾322公里，臨盧邁勒河，通過兩座大橋與其他地區相連。君士坦丁是一座歷史名城，西元前曾為努米底亞王國的都城。迦太基人稱之為「卡爾塔」，後被羅馬人改稱「錫爾塔」，313年改名為君士坦丁。其後又經歷了阿拉伯人和土耳其人的統治，一直是北非各個國家歷代王朝爭奪的目標。市內有許多羅馬時代和中世紀古蹟，城區四周的石砌圍牆至今仍保存完好。君士坦丁的教育事業非常發達，有君士坦丁大學、錫爾塔博物館等主要文教設施。地毯編織等手工業盛行，附近還有非洲最大的瓷器廠。

撒哈拉沙漠中的文明

位於阿爾及利亞東南、撒哈拉沙漠中部的阿傑爾高原，氣候乾燥、植物稀少，是一片人跡罕至的不毛之地。然而就在這樣一片荒涼的沙漠上，卻蘊藏著令人驚奇的5,000多幅新石器時代的岩石壁畫：塔西利岩畫。岩畫充分揭示了撒哈拉沙漠氣候的演變、動物的遷徙和人類生活的變化，同時也向世人展示撒哈拉地區曾經擁有的獨特文明。

利比亞 *LIBYA*

دولة ليبيا

利比亞位於非洲北部、地中海沿岸，陸鄰埃及、蘇丹、突尼西亞、阿爾及利亞、尼日和查德，北瀕地中海，與南歐諸國隔海相望。海岸線長約1,900公里。沿海地區屬地中海氣候，內陸廣大地區屬熱帶沙漠氣候。西元前3世紀，這裡已建立起統一的努米底亞帝國。1912年利比亞成為義大利殖民地，後被法、英分別占領南、北部。二戰後由聯合國對利比亞全部領土行使管轄權。1951年利比亞宣告獨立，成立聯邦制聯合王國，後改名利比亞國。1986年起使用現在的國名。

薩布拉塔考古遺址是利比亞一處古老文明留下的遺跡，為西元前5世紀的腓尼基人所建，精美的雕像和高大的石柱都顯示出典型的古羅馬風格。

國家檔案

全名	大利比亞阿拉伯人民社會主義群眾國
面積	176萬平方公里
首都	的黎波里
人口	629.3萬（2016年）
民族	主要是阿拉伯人，其次為柏柏爾人
語言	國語為阿拉伯語
貨幣	利比亞第納爾
主要城市	的黎波里、班加西、圖卜魯格、德爾納

沙漠為主的地形

利比亞是北非一個典型的沙漠國家，撒哈拉沙漠約占其國土面積的98%。利比亞的地勢由北向南逐漸升高，沿海為狹窄的平原，西北和東北近海地段是的黎波里山和綠山，沿海主要是平直的沙岸，缺乏良好港灣。撒哈拉沙漠的波狀高原大部分海拔在200公尺～300公尺之間，其間有突起的高地，如中部的哈魯傑高地和西部的哈姆拉高原，海拔都在500公尺以上。也有低窪的盆地和綠洲。主要綠洲有傑格布卜、奧吉拉、朱夫拉、古達米斯及費贊等。沙漠地區降水稀少，年降水量一般不足100毫米，甚至連年無雨。因此動植物資源極其稀少，但蘊藏著豐富的石油資源。

薩布拉塔考古遺址

薩布拉塔考古遺址位於利比亞首都的黎波里以西的地中海岸邊，為西元前5世紀的腓尼基人所建。薩布拉塔在西元前46年被併入羅馬非洲部分版圖，在此後的100多年間，薩布拉塔因作為非洲內陸和羅馬帝國本土之間的轉運港口而盛極一時。7世紀時，阿拉伯人徹底摧毀

利比亞廣大沙漠地區常年乾旱，但地下水廣布，在一些綠洲地帶表現為淺層和深層的承壓水，可以供人、畜飲用。位於國土南部的費贊綠洲就是其中最典型的代表。

了這裡，薩布拉塔成為一座被黃沙掩埋的廢墟。薩布拉塔遺址中最古老的建築是約建於西元前7世紀的海邊碼頭。最著名的則是建成於1世紀左右、城中心廣場南面的朱庇特神廟，它曾是薩布拉塔最重要的神廟。另有一座屬於典型羅馬式建築的圓形劇場，劇場背對地中海，有3層樓的後台，粉紅色大理石柱支撐著後台的平台。劇場舞台正面的白色和粉紅色大理石基上，還有栩栩如生的舞者、哲學家和大力神的浮雕。1982年被聯合國教科文組織列入《世界遺產名錄》。

格達梅斯古城

格達梅斯古城是撒哈拉沙漠北部邊緣地帶較古老的城市之一。格達梅斯建立在一塊綠洲之上，歷來被人們冠以「沙漠明珠」的美稱。

格達梅斯有著悠久的歷史和風格迥異的文化，其中最突出的特色就是這裡居民的住宅。這些房屋一般為上、下兩層，上層是住房，下層為儲藏室，頂層還有專門供婦女們活動的空間。最奇特的是，每座房屋的地下還設有四通八達、密如蛛網的半地下通道。這些建築修建所使用的是一種當時極為罕見的石膏材料，有修造得非常精緻的石膏窗、石膏壁龕等，裝飾在其間的是各種鑲嵌物，諸如小鑲嵌畫等。

西方的的黎波里

的黎波里是利比亞的首都和主要港口城市。由於黎巴嫩的北部港市也叫的黎波里，為了有所區別，阿拉伯語中利比亞的首都通常被稱為「西方的的黎波里」。城市由舊城和新城組成，舊城沿海岸伸展，東北部以穆斯林居民為主，有傳統的地方市場，並有清真寺、王宮、城堡等古蹟。新城是城市的主體部分，近年來發展較快，已完全現代化，是全國政治、文化、工商、旅遊中心，也是全國最大的商港和現代化的國際航空港。

上 | 柏柏爾人是利比亞的土著人，也是利比亞境內最早的居民，當時，由於阿拉伯人的入侵，柏柏爾人大多躲進了撒哈拉大沙漠和其他一些山嶽地帶，過著艱苦的生活。

下 | 的黎波里位於利比亞西北部、地中海沿岸的石岬上，是通往內地古沙漠商道的起點。

非洲 突尼西亞

TUNISIA
الجمهورية التونسية

突尼西亞是位於非洲北端的國家，西與阿爾及利亞為鄰，東南與利比亞接壤，北、東臨地中海，隔突尼西亞海峽與義大利相望，海岸線長1,300公里。北部屬地中海氣候，夏季炎熱乾燥、冬季溫暖濕潤；南部屬熱帶沙漠氣候。突尼西亞的前身是著名的迦太基城，13世紀的加夫斯王朝在此建立過強大的突尼西亞帝國。1574年歸入鄂圖曼土耳其帝國，1881年成為法國的保護領地。1956年獨立，1957年廢黜國王，宣布成立共和國。

每年的12月雨季來臨，突尼西亞的人們都要在邊境小鎮杜斯舉行規模盛大的「撒哈拉聯歡節」活動。屆時，人們都會穿起節日的盛裝，湧上主要街道，用載歌載舞的形式來表達節日的歡樂。

國家檔案

全名	**突尼西亞共和國**
面積	16.22萬平方公里
首都	突尼斯
人口	1,140萬（2016年）
民族	90％以上為阿拉伯人，其餘為柏柏爾人
語言	國語為阿拉伯語，通用法語
貨幣	突尼西亞第納爾
主要城市	突尼斯、斯法克斯、凱魯萬、蘇斯

差異大的地貌

突尼西亞的國土面積雖然不大，但由於所處位置的特殊性，境內自然條件差異很大，北部山地丘陵是亞特拉斯山脈（又譯「阿特拉斯山脈」）向東的延伸，被邁傑爾達河分隔成南、北兩支，河北海拔一般在300公尺～700公尺之間，河南是特貝薩山、突尼西亞山，山勢比較高峻，不少山峰高達1,000公尺以上，其中鄰近阿爾及利亞邊境的舍阿奈比山海拔1,544公尺，是全國最高峰。中部為廣闊的階梯狀台地，從西向東傾斜，台地往南越過一片低乾草原後，進入寬廣的低地地帶，多季節性鹽沼。東部沿海平原由北向南伸展，南部地區為撒哈拉沙漠地帶，是一片廣闊平坦的沙質低地，夏季多塵暴。

迦太基古城遺址

迦太基古城位於突尼斯東北約18公里處，是古代腓尼基人的城市。古城建於西元前9世紀末，是當時地中海地區政治、經濟中心。腓尼基被羅馬擊敗後，按照羅馬元老院的主張，被羅馬軍隊夷為平地。西元前122年羅馬在這裡重建城市，但最終被阿拉伯人徹底摧毀。

杜加是位於突尼西亞國土北部的一處古羅馬時期的考古遺址。在小山丘上，羅馬長方形廊柱大廳的房頂雖然已經坍塌，但精美的科林斯石柱依然保存完好。

古城最古老的部分位於靠海的比爾薩山下，是古城的中心。山上曾建造堅固的防禦工事，宮殿、住宅等建築還依稀可辨。古城中羅馬時代的遺跡殘存較多，羅馬人在比爾薩山上建有著名的公共浴場，是古羅馬的第四大浴場，長達60公里的引水渡槽至今殘存著數段支架。住宅區保存有精美的鑲嵌畫，是用2,000多年前的各色小石頭拼成的，殘存部分依然色澤鮮豔，充分顯示出了羅馬時期迦太基鑲嵌畫的成就。

突尼斯

突尼斯是突尼西亞共和國首都，位於地中海突尼西亞灣西側。城市腹地為突尼西亞平原的富饒農業區，地理位置優越。突尼斯是迦太基時代的古城，13世紀後成為阿拉伯哈夫西德王朝的

首都、伊斯蘭文化中心和重要商業城市。淪為法國殖民地後，在舊城外又建立了新城，並逐步向北發展。舊城主要為穆斯林居住區，有傳統的阿拉伯手工藝品市場和著名的清真寺；新城主要為歐洲人居住區，城區已完全呈現出現代風格。突尼斯還是全國最大的海港城市，港口分內、外兩港，外港主要經營貨運，內港則以客運為主。

橄欖之邦

突尼西亞是非洲經濟較發達的國家，種植業是重要的經濟部門，以穀物和橄欖生產為主。橄欖在突尼西亞已

有2,000多年的種植歷史，現在突尼西亞是世界橄欖油的主要生產國之一，產量約占世界總產量的4%～9%，居世界第四位。突尼西亞全國有油橄欖樹約6,200萬株，年產橄欖油20多萬噸，是非洲最大的橄欖油生產國和出口國，有「橄欖之邦」、「世界油橄欖園」的美稱。

傳統手工藝品市場上琳瑯滿目的手編帽子，鮮豔的色調帶有明顯的伊斯蘭色彩。

突尼斯的老城區至今還保留著古老的阿拉伯色彩，是北非伊斯蘭城市中建築造型和規劃的典範之一。

摩洛哥

MOROCCO

المملكة المغربية

摩洛哥位於非洲西北端，東、東南接阿爾及利亞，南部為西撒哈拉，西瀕大西洋，北隔直布羅陀海峽與西班牙相望，扼大西洋入地中海的門戶。海岸線長約1,700公里，地形以山地和高原為主，亞特拉斯山脈斜貫境內。西北沿海氣候溫和，氣溫年較差小，內陸中北部屬副熱帶山地氣候，東南部為熱帶沙漠氣候。最早的居民是柏柏爾人，阿拉伯人於7世紀遷入，現在的阿拉維王朝建於1660年。1912年淪為法國殖民地，1956年3月獲得獨立，1957年定國名為摩洛哥王國。

國家檔案

全名	摩洛哥王國
面積	45.9萬平方公里
首都	拉巴特
人口	3,528萬（2016年）
民族	阿拉伯人約占80%，柏柏爾人約占20%
語言	官方語為阿拉伯語，通用法語
貨幣	摩洛哥第漢
主要城市	拉巴特、達爾貝達、馬拉喀什、非斯

亞特拉斯山脈

亞特拉斯山脈是非洲主要山脈之一，從摩洛哥大西洋海岸經阿爾及利亞到突尼西亞延伸約1,800公里，南北最寬處約450公里，包括幾列各不相同的山系，其中大亞特拉斯山體最為高大，在摩洛哥境內海拔一般在3,000公尺以上，最高峰圖卜卡勒山高達4,165公尺。山脈東延至阿爾及利亞境內，稱撒哈拉亞特拉斯，高度略低。外亞特拉斯山位於大亞特拉斯山以南。中亞特拉斯山在大亞特拉斯山以北，二者大致平行，兩山之間是土地肥沃的穆魯耶河谷地。裡亞特拉斯山則是最北的一列山脈，位於地中海沿岸，地勢起伏很大。向東還有泰勒亞特拉斯，以及撒哈拉阿亞特拉斯

烤香腸是摩洛哥的風味小吃，佐以辣椒粉、胡椒粉、生薑粉等多種蘸料，是遊客必嘗的美食。

之間的旭特高原亞亞特拉斯山系中最大的山間高原。

愛茶的國度

摩洛哥是一個愛茶的國度，人們至今保持著不可一日無茶的習慣。每天起床後第一件事就是飲上一杯綠茶，之後才開始吃早餐，中、晚餐也要佐以新鮮清茶。摩洛哥人日常喝的是從中國和日本進口的綠茶，但在招待親朋或宴請貴賓時，則要敬上一道風味獨特的薄荷甜茶。這種茶烹煮方法也很特別。首先烹煮茶具就很講究，用的是一種長嘴大肚銀壺，沖茶時將茶葉放在壺內，沏進少許開水後馬上倒掉。之後再重新沖上沸水，加入一大把薄荷葉和砂糖。烹製好後的薄荷茶清甜芬芳，敬薄荷茶是摩洛哥人待客時一種很高的禮節，表示了他們對客人的尊重和美好祝願。

馬拉喀什是摩洛哥歷史上的南方首都，坐落在大亞特拉斯山西麓，是摩洛哥一座具有悠久歷史文化的古城。

工業

摩洛哥的工業在非洲處於比較領先的地位，現有企業5,700多家，以磷酸鹽開採為主的礦業是工業的主要部門，磷酸鹽是摩洛哥的主要資源，儲量1,100億噸，占世界儲量的75%。主要礦區在磷酸鹽高原上的胡里卜蓋地區，其餘則在優素菲耶和本‧傑里爾，薩菲等地也有磷酸鹽化學工業。摩洛哥的製造業以食品工業為主，包括麵粉、製糖、魚和水果加工等，其中阿加迪爾等地加工的沙丁魚罐頭享譽世界。另外紡織工業發展也非常迅速，現有1,200多家企業，不僅可滿足國內需求，而且有近1/3產品供出口，主要中心有達爾貝達、拉巴特等。手工業在國民經濟中也占有重要位置，主要產品有毛毯、陶瓷和木製家具等，摩洛哥生產的地毯著稱於世。製造業則集中分布在大

即使國內條件不宜種茶，摩洛哥人對茶的喜愛還是勝過非洲任何一個種茶的國家。

西洋沿岸的達爾貝達、拉巴特等城市和非斯、馬拉喀什等古都。

經濟中心達爾貝達

達爾貝達舊稱卡薩布蘭卡，是摩洛哥現代最大的港口城市，也是摩洛哥最重要的經濟中心。作為摩洛哥的經濟首都，這裡集中了國內4/5的現代工業，商業、金融業也非常發達，達爾貝達的港口也是非洲最大的人工港之一。今天的達爾貝達已經是一座現代化的大城市，但城內許多阿拉伯建築彷彿又把人帶回了中世紀的阿拉伯城市，如古香古色的清真寺、傳統的手工藝品市場，在老城區甚至仍有騎著駱駝的商人在街上走過。城市的名勝古蹟眾多，以此地為故事背景的經典名片《北非諜影》，更使這裡蜚聲天下，成為非洲地區著名的旅遊城市。

非洲 尼日

NIGER

République du Niger

尼日位於撒哈拉沙漠南緣，是西非的一個內陸國家。東鄰查德，西接馬利、布吉納法索，南與貝南、奈及利亞接壤，北與阿爾及利亞、利比亞毗連。北部屬熱帶沙漠氣候，南部屬熱帶草原氣候，全年分旱、雨兩季，年平均氣溫30℃，是世界上最熱的國家之一。尼日歷史上從未形成過統一的王朝，曾為桑海帝國的一部分。1904年成為法屬西非領地，1922年淪為法國殖民地，1958年成為「法蘭西共同體」內的自治共和國，1960年8月正式宣告獨立。

國家檔案

全名	尼日共和國
面積	126.70萬平方公里
首都	尼阿美
人口	1,863萬（2016年）
民族	主要有豪薩族、哲爾馬－桑海族、顏爾族等5個部族
語言	官方語言為法語，各部族均有自己的語言，大部分地區通用豪薩語
貨幣	西非法郎
主要城市	尼阿美、津德爾、阿加德茲

首都的國家博物館珍藏有許多伊斯蘭風格和當地民族特色的藝術品。這幅遠古壁畫色彩鮮豔、內容生動，展現了非洲悠久的歷史和燦爛的文明。

乾熱的國土

尼日全境約有3/5的面積為沙漠所覆蓋，氣候乾熱，大部分屬於熱帶沙漠氣候。全年分為旱季和雨季，年降水量約50毫米～550毫米，自南向北逐漸減少。年平均氣溫在30℃以上。北部全年盛行乾燥的哈馬丹風，多塵暴。南部除哈馬丹風外，部分時間也吹濕潤的西南風，其延續的時間和影響由南向北逐漸減少。境內的河流分屬尼日河流域和查德湖流域，兩流域之間有眾多的古乾谷。尼日河在其境內長592公里，河水流量變化很大，只有1月～2月間才有上游洪水流過，其餘時間僅由河右岸的季節性河流補給，因此尼日的土地仍以乾旱為主。

河畔的首都尼阿美

尼阿美是國內最大的城市，位於國土西南部、風光秀美的尼日河畔，有一座長900公尺、氣勢恢弘的甘迪大橋，蔚為壯觀。1970年建成此橋後，城市的市區已自左岸擴展到了右岸。市內有大型的農產品市場，以及織布、水泥、啤酒、食品加工等工廠。尼阿美還是尼日河上重要的河港，並有多條公路在此交會，通向國內主要城市和奈及利亞等鄰國。

尼日人多信仰伊斯蘭教，「宰牲節」是首都尼阿美最熱鬧的節日，到了12月20日這一天，人們都會穿起節日盛裝，舉行慶典活動。

茅利塔尼亞

MAURITANIA

الجمهورية الإسلامية الموريتانية

茅利塔尼亞位於非洲撒哈拉沙漠西部，與西撒哈拉、阿爾及利亞、馬利和塞內加爾接壤。西瀕大西洋，海岸線長667公里。屬熱帶沙漠性氣候，高溫少雨，年平均氣溫約25℃。7世紀時，阿拉伯人進入這裡，並建立了封建王朝。1912年淪為法國殖民地，1957年成為半自治共和國，1958年成為「法蘭西共同體」內的自治共和國，定名為茅利塔尼亞伊斯蘭共和國，1960年11月宣告獨立。

國家檔案

全名	茅利塔尼亞伊斯蘭共和國
面積	103萬平方公里
首都	諾克少
人口	430.1萬（2016年）
民族	阿拉伯語言文化傳統的哈拉廷人占40%，摩爾人和黑人各占30%
語言	官方語言為阿拉伯語，通用法語
貨幣	茅利塔尼亞烏吉亞
主要城市	諾克少、努瓦迪布

茅利塔尼亞人所建的清真寺與其他國家的伊斯蘭建築不盡相同。

也是茅利塔尼亞著名的赤鐵礦所在地。茅利塔尼亞全國有2/3的面積為撒哈拉沙漠所占據，素有「沙漠之國」的稱號。廣闊的撒哈拉大沙漠在茅利塔尼亞中部高原兩側形成大片的沙丘崗地，還有一些礫漠和石漠。廣袤荒涼的沙漠，限制了農業生產，也構成交通運輸的嚴重障礙。

和全國第一大港口城市。市區以獨立廣場為中心，都納大街是主要的商業區，大街東端是政府機構所在地，大街以南為文化區，以北為住宅區，建築和布局充分體現了撒哈拉沙漠國家的傳統風格。

沙漠之國

茅利塔尼亞全境大部分為淺丘起伏的荒漠平原，沿海大多為50公尺以下的平原，內地則為海拔200～250公尺的高原。中部地區被阿德拉爾高原等分隔，高原上分布著不少海拔400～600公尺的山脊或島山。西北部邊境海拔915公尺的凱迪埃伊吉勒山是全境最高點，同時

首都諾克少

諾克少位於國境西南部、撒哈拉沙漠的南端，常年風沙不斷。諾克少地處茅利塔尼亞南方農業區與北方鐵礦區之間的交通線上，城市有公路通往阿爾及利亞和塞內加爾，並設有國際航空港，因此位置十分重要。建市後城市規模發展迅速，已經成為全國的政治、經濟中心

📖 Travel Smart

漁業｜交通

1. 茅利塔尼亞的海域是西非漁場的重要組成部分，漁業資源豐富，儲量為400萬噸。

2. 茅利塔尼亞交通不發達，國內僅有一條長675公里的鐵路。

西撒哈拉

WESTERN SAHARA

الصحراء الغربية

西撒哈拉位於非洲西北部，北接摩洛哥，東、南與阿爾及利亞和茅利塔尼亞接壤，西瀕大西洋，海岸線長約900公里。全境位於撒哈拉沙漠西部，地勢由大西洋岸向東逐漸升高。現在的西撒哈拉由摩洛哥與「薩基亞哈姆拉和里奧德奧羅人民解放陣線」（簡稱西撒人陣）分別控制，面積為26.6萬平方公里，人口約27萬，居民主要為阿拉伯人和柏柏爾人，通用阿拉伯語和西班牙語，首府為阿尤恩。

*編按：至2015年，有46個聯合國成員國承認它是獨立的阿拉伯國家。

國 家 檔 案

全名	撒哈拉阿拉伯民主共和國
面積	26.6萬平方公里
首都	阿尤恩
人口	54.8萬（2014年）
民族	阿拉伯人、柏柏爾人
語言	通用阿拉伯語和西班牙語
貨幣	阿爾及利亞第納爾
主要城市	達赫拉、斯馬拉

撒哈拉沙漠

西撒哈拉因全境位於撒哈拉沙漠的西部而得名。撒哈拉沙漠是世界上最大的沙漠，位於亞特拉斯山脈和地中海以南，約北緯14°線以北，西起大西洋西岸，東到紅海之濱，橫貫非洲大陸北部，面積約960萬平方公里，約占非洲總面積的32%。撒哈拉沙漠地區總體上表現為一個起伏不大、有多種地貌類型的遼闊高原，一般海拔200～500公尺。其中死火山庫西山海拔3,415公尺，為全地區最高峰，埃及西北部的蓋塔拉窪地低於海平面133公尺，為全地區最低處。

撒哈拉沙漠由石漠、礫漠和沙漠組成，沙漠的面積最為廣闊，著名的沙漠有利比亞沙漠、奧巴里沙漠等。境內除有尼羅河貫穿流經以外，無常年水流。因此植物貧乏，大部分為旱生植物和短生植物。為了適應荒漠生態環境，這裡的動物都具有耐渴、視覺和聽覺發達等特性，主要有爬行動物、鼠類、狐和駱駝等。20世紀沙漠中開始陸續發現石油、天然氣、鈾等豐富的礦產資源，沙漠中也出現了公路網、航空線和新的居民點。

西撒哈拉戰爭

西撒哈拉地區被西班牙人占領後，遭到阿爾及利亞、茅利塔尼亞和摩洛哥人的反對。1973年阿爾及利亞支持西撒人陣成立，通過武裝鬥爭爭取獨立。1975年摩洛哥的志願者開赴西撒，同年西班牙人撤離。摩洛哥和茅利塔尼亞簽訂了分治西撒協定。阿爾及利亞譴責兩國分治，並支持西撒人陣成立撒哈拉阿拉伯民主共和國，此後，摩洛哥、茅利塔尼亞、西撒人陣之間武裝衝突不斷，1979年茅利塔尼亞撤出戰爭，摩洛哥幾乎控制了全部領土。1989年聯合國提出和平解決爭端的計畫，得到雙方回應，1991年摩洛哥與西撒人陣宣布停火，至此結束了16年之久的西撒哈拉戰爭。

右 | 撒哈拉的無邊黃沙在夕陽的斜暉下，透出一種蒼涼雄渾、使人肅然起敬的美。

馬利

MALI

République du Mali

馬利是位於非洲西部、撒哈拉沙漠南緣的內陸國，西鄰茅利塔尼亞、塞內加爾，北、東與阿爾及利亞和尼日為鄰，南接幾內亞、象牙海岸和布吉納法索。北部為熱帶沙漠氣候，乾旱炎熱；中南部為熱帶草原氣候。全年分為熱季、雨季和涼季3個季節，涼季最高氣溫13℃，熱季最高氣溫達50℃。馬利歷史上曾是迦納帝國、馬利帝國和桑海帝國的中心地區，1859年淪為法國殖民地，1958年成為「法蘭西共同體」內的自治共和國。1959年4月與塞內加爾結成馬利聯邦，1960年9月獨立。

國家檔案

全名	馬利共和國
面積	124.12萬平方公里
首都	巴馬科
人口	1,799萬（2016年）
民族	主要有班巴拉、頗爾、塞努福、桑海等23個部族
語言	官方語言為法語，通用班巴拉語
貨幣	西非法郎
主要城市	巴馬科、莫普提、加奧

馬利在地質構造上屬於撒哈拉台地區，多流動沙丘，動植物極其稀少，荒漠地區幾乎沒有人煙。

平坦的地貌

馬利的地形比較平坦單調，全境大部分為海拔300公尺左右的平原和台地，其中尼日河中游的沖積平原，宜耕宜牧，是富饒的農業區。西南至東北邊境為高原和丘陵山地，不足全國面積的10%，包括曼丁哥高原、洪博里山、邦賈拉和伊福拉斯高原等，其中洪博里山海拔1,155公尺，為全境最高峰。因此馬利國土除東部、東北部一些地區海拔超過1,000公尺外，一般海拔都在800公尺以下。由於斷裂、切割、侵蝕等地質作用，多呈現桌狀和階梯狀地形，伴隨有相對高度差在300～500公尺、甚至700公尺的懸崖峭壁。

馬利的男人日常喜歡穿稱為「布布」的傳統服裝。「布布」縫製簡單，將一整塊布對折後，在中間掏一個洞作領口，然後就可以直接套在身上。

黑美人

在馬利，黑色被視為最美麗的顏色，婦女們更是以黑為美，創造出了一整套染手、染足和染牙齦的手藝。染手要把當地一種樹葉曬乾後搗成粉末，加水調成糊狀使用，先在手上畫出圖案，然後把染料敷在圖案的部位，不久圖案會變黑，頗為精緻；染足的程序與染手相似，即將染料用布包在腳邊和腳掌周圍，幾天後腳就會變成黑色。染牙齦則要忍受極大的痛苦，需要一針一針地把牙齦刺破，把染料抹在出血的地方，隨著傷口癒合，染料就會一直留在牙齦中，終生不會褪色。女孩子們誰的染技高，誰就會受到尊重、愛戴。

馬利的柏柏爾人多住在北部撒哈拉沙漠的邊緣地區，以從事畜牧業為生。

農牧業

馬利的經濟以農牧業為主，農業產值約占國內生產總值的45%。主要糧食作物有小米、高粱等。經濟作物主要為棉花和花生，產品大部分供出口。馬利的畜牧業是全國第二大出口產業，牧地約占國土面積的1/4。牛、羊等牲畜和畜產品是北部、東北部牧民的主要生活來源，也是主要出口商品。牲畜數量在西非僅次於奈及利亞。

首都巴馬科

巴馬科是馬利的首都和全國最大的城市，位於國境西南部的尼日河左岸。「巴馬科」的名字來自當地班巴拉語，意為「鱷魚之河」。1904年巴馬科與塞內加爾的鐵路通車後，城市建設又獲得了很大發展。現在的巴馬科城市輪廓呈三角形，北倚庫魯巴山，南部頂端直達尼日河岸，地勢平坦，略向南傾斜。是全國主要的工商業中

巴馬科是一座歷史悠久的古城，曾經是非洲歷史上第一個統一的黑人王國馬利帝國的中心。

心和最大的交通樞紐，也是尼日河流域農畜產品集散地之一。市中心為商業區和西式住宅區，北部為總統府和政府機構所在地。多蘇丹式建築，房屋大多用紅色的燒磚砌成，採用平頂的長窗，帶有一種濃厚的西非色彩。城裡有現代化的高樓大廈，也有傳統的手工藝品市場，馬利的手工藝品有木雕、象牙雕、金銀雕刻等，以精美絕倫的工藝而享譽世界。

傑內古城位於尼日河內陸三角洲的最南端，以獨特的建築風格著稱於世，是古代非洲內陸商路上的重要中轉站。

奈及利亞  *NIGERIA*

奈及利亞位於西非東南部，東鄰喀麥隆，東北隔查德湖與查德相望，西接貝南，北接尼日，南瀕大西洋幾內亞灣。邊界線長約4,035公里，海岸線長800公里。境內河流眾多，地勢北高南低，南屬熱帶草原與熱帶雨林氣候，中部為熱帶草原氣候，北部及東北部為熱帶半荒漠氣候。奈及利亞是非洲的文明古國，20世紀初淪為英國殖民地。1960年10月宣布獨立，並成為大英國協成員國，1963年10月成立奈及利亞聯邦共和國。

國家檔案

全名	奈及利亞聯邦共和國
面積	92.38萬平方公里
首都	阿布加
人口	1.86億（2016年）
民族	豪薩–富拉尼族、約魯巴族、伊博族等250多個部族
語言	官方語言為英語，主要民族語言有豪薩語、約魯巴語和伊博語
貨幣	奈拉
主要城市	阿布加、拉哥斯、卡諾

奈及利亞南部幾內亞灣的沿海地帶，地勢低平，氣候濕熱，植物生長茂盛。

尼日河

尼日河是西非最大的河流。它發源於幾內亞境內，中途流經馬利、尼日、貝南等國，最後在奈及利亞境內注入幾內亞灣。全長4,160公里，在非洲僅次於尼羅河和剛果河，位居第三。其在奈及利亞境內流程1,271公里，占全長的31%。河源至庫利科羅為上游段，長820公里，沿途彙集了眾多支流，水流湍急，水力資源豐富，有著名的索圖巴急流段。庫利科羅至傑巴為中游段，長2,390公里，段內廣泛分布的寬灘和湖沼地帶被稱為「內陸三角洲」。傑巴至河口為下游段，長950公里，水量豐富，河口處的尼日河三角洲面積約3.6萬平方公里，海濱遍布紅樹林，富藏石油。尼日河水力蘊藏量約為3,000萬千瓦，卡因吉大壩是河上已建成的最大工程。

島城：拉哥斯

拉哥斯是奈及利亞前首都和國內最大的港口城市。位於國土西南端，瀕臨幾內亞灣，由6座小島和大陸部分組成。主島拉哥斯島為整個城市的中心，與屬島及大陸之間均有橋梁相連接。拉哥斯的海港有港闊、水深、可避風等優點，是西非最現代化的海港之一，阿帕帕和廷坎島港區裝卸運輸設備先進，設有石油、煤炭和漁業專用碼頭。拉哥斯不僅是奈及利亞著名的工業城市，同時也是個美麗的海濱城市。

Travel Smart

文化 | 以胖為美

1. 奈及利亞早在2,000多年前就有較為發達的文化，被譽為「非洲文化的搖籃」。

2. 奈及利亞伊博族的女子以胖為美，少女出嫁前都要進行一段時間的「育肥」。

非洲 貝南
BENIN
La République du Bénin

貝南原名達荷美，位於西非中南部，東鄰奈及利亞，西北、東北與布吉納法索、尼日交界，西與多哥接壤，南瀕大西洋，海岸線長125公里。沿海平原為熱帶雨林氣候，常年氣溫在20℃～34℃之間，最高溫度可高達42℃；中部和北部為熱帶草原氣候，年平均溫度26℃～27℃。20世紀初淪為法國殖民地，1958年成為「法蘭西共同體」的自治共和國，1960年8月獨立，成立達荷美共和國。此後政權更迭頻繁，1975年11月改國名為貝南人民共和國，1990年3月改國名為貝南共和國。

國家檔案

全名	貝南共和國
面積	11.26萬平方公里
首都	新港
人口	1,087萬（2016年）
民族	主要有芳族、阿賈族、約魯巴族等46個部族
語言	官方語言為法語，全國使用較廣的語言有芳語、約魯巴語
貨幣	西非法郎
主要城市	新港、柯多努

貝南的全境處於熱帶，終年高溫。在幾內亞灣沿岸，生長著大片紅樹林。

非洲威尼斯：岡維埃

在貝南的首都新港和第一大城市柯多努之間，有一個著名的水上村莊：岡維埃。岡維埃地處大湖上，這裡湖面廣闊，湖水較淺。村莊的房子全是在高出水面兩三公尺的圓木椿上建成，牆壁和地板用樹枝和竹子編製，房頂鋪蓋著厚厚的茅草，房子都有木梯伸向水面，戶與戶之間有木橋相連，一座座草頂閣樓像是浮在水面上，人稱「非洲威尼斯」。水上村莊的居民們靠水為生。在這裡，唯一的交通工具就是獨木舟。岡維埃的男人個個是駕船捕魚的好手，婦女則負責養魚並到市場上出售。在熱鬧的水上市場中，小船來回穿梭，人們可以用魚來換糧食和日用品。水上村莊獨特的風光吸引了無數慕名而來的外國遊客。

阿波美王國

貝南是個有著悠久歷史文明的國家，歷史上曾出現過一個盛極一時的國家：阿波美王國。17世紀之前，貝南境內沒有統一的政權，17世紀初，達荷美王國實力逐漸壯大，終於征服全境並建立了統一的王國，即阿波美王國。這個王國曾經是西非最為強大的國家之一。西方殖民勢力滲入之後，葡萄牙的奴隸販子曾用大炮和槍支與阿波美宮廷交換奴隸。現在的貝南仍保存著這種大炮。19世紀末，法國武裝勢力入侵，貝南淪為法國的殖民地，阿波美王國才最終滅亡。

近年來，隨著經濟發展，貝南人的生活水準大大的提高了。

多哥 TOGO
République Togolaise

多哥位於非洲西部，南瀕幾內亞灣，東鄰貝南，西接迦納，北與布吉納法索接壤，海岸線長53公里。南部屬熱帶雨林氣候，北部屬熱帶草原氣候。1920年，多哥的西、東部分別被英、法占領。1957年迦納獨立時，英國託管的西部多哥併入了迦納。東部多哥於1960年4月宣布獨立，定國名為多哥共和國。

國家檔案

全名	**多哥共和國**
面積	5.68萬平方公里
首都	洛梅
人口	775.6萬（2016年）
民族	主要有埃維族、米納族、阿凱布族、卡布列族等41個部族
語言	官方語言為法語，民族語言主要有埃維語和卡布列語等
貨幣	西非法郎
主要城市	洛梅、索科德、阿塔帕梅

左｜多哥全國有超過一半的人口信奉原始拜物教。

海濱首都：洛梅

洛梅是多哥首都，也是國內最大的港口城市，坐落在連接幾內亞灣與潟湖之間的狹長沙地上，形狀像一把閂門橫插在幾內亞灣旁。「洛梅」的名字是由當地埃維語中的「阿洛」和「梅」兩個詞結合簡化而成，「阿洛」是當地特產的樹木，「阿洛梅」意為「在阿洛樹中間」，是很久以前多哥人的祖先們移居來此時命名的。現在的洛梅是一座充滿現代氣息的熱帶海濱城市，也是非洲重要的港口城市。洛梅港是西非唯一的深水港，年吞吐量600萬噸，能同時停泊4艘2.5萬噸級貨輪，多哥90%以上的貨物都要經由洛梅港運輸。尼日、布吉納法索、馬利等西非內陸國約1/5的進口貨物經該港轉運。洛梅的市區規劃整齊，環境優美，交通發達，是非洲著名的旅遊城市之一。

崎嶇的地貌

多哥國土南北長約540公里，東西寬約為100公里，呈狹長形狀。面積雖然不大，自然條件卻多樣化。地勢中部高、南北低。南部海濱低地為海拔60公尺～100公尺的沖積平原，土質肥沃，為富庶的農業區，生產磷礦石。哈霍等河的下游河口被海岸沙壩封閉，形成了多哥湖。中部為阿塔科拉山高地，海拔200公尺～500公尺，地形非常崎嶇，中部高原由海拔300公尺和海拔600公尺的兩級侵蝕面組成，多穹狀島山。西部為奧蒂訶平原，林木繁茂，有鐵、鋁、鉻、黃金等多種礦藏，東段的阿塔科拉山則為平行褶皺山，中段的山鞍部是南北的通道。國土北部是芒戈盆地，海拔200公尺。在國境的西北角則是海拔300公尺的切割高原，有氣勢雄偉的龐戈陡崖，其中蘊藏著錳礦。

迦納 GHANA

迦納原名黃金海岸，位於非洲西部、幾內亞灣北岸，西鄰象牙海岸，北接布吉納法索，東鄰多哥，南瀕大西洋，海岸線長約562公里。古迦納王國版圖在今天的馬利和布吉納法索一帶，15世紀葡萄牙殖民者入侵，把迦納沿海稱為「黃金海岸」。19世紀末黃金海岸淪為英國殖民地，1957年獨立，改名迦納，原英國託管的西部多哥也併入迦納。1960年成立迦納共和國，仍留在大英國協內。

<table>
<tr><td colspan="2">國 家 檔 案</td></tr>
<tr><td>全名</td><td>迦納共和國</td></tr>
<tr><td>面積</td><td>23.85萬平方公里</td></tr>
<tr><td>首都</td><td>阿克拉</td></tr>
<tr><td>人口</td><td>2,690萬（2016年）</td></tr>
<tr><td>民族</td><td>有阿肯族、莫萊 ── 達戈巴尼族、埃維族和加 ── 阿丹格貝族4個部族</td></tr>
<tr><td>語言</td><td>官方語言為英語，主要民族語言有埃維語和豪薩語等</td></tr>
<tr><td>貨幣</td><td>塞地</td></tr>
<tr><td>主要城市</td><td>阿克拉、庫馬西</td></tr>
</table>

特馬港是迦納重要的漁港之一。

黃金海岸

迦納在獨立前的名字是「黃金海岸」。據說，殖民者最初來到迦納時，見到當地人拿黃金同他們交易，就把這個地方命名為「黃金海岸」。黃金是迦納的重要物資，當時的迦納因盛產黃金，所以成為歐洲殖民主義者掠奪非洲黃金的重要基地。獨立後，這裡的人民廢除「黃金海岸」這個帶有殖民印記的名字，改國名為「迦納」。但黃金仍是迦納重要礦產。迦納的黃金儲量約為17.5億盎司。1994年已探明的儲量為3,167.2萬盎司。

據計算，這裡的黃金還可供開採740年。

可可之鄉

可可種植是迦納經濟的三大支柱之一，給迦納帶來了「可可之鄉」的美稱。可可原本的故鄉是在南美洲，但迦納曾一度成為世界上最大的可可生產國和出口國，這個記錄保持了半個多世紀。迦納現今的可可產量仍居世界前列。在街頭隨處可見可可製成的產品。據說，世界上每3塊巧克力就有1塊是用迦納可可製成的，因此人們把迦納稱為「可可之鄉」。

布吉納法索 *BURKINA FASO*

非洲

布吉納法索原名上伏塔，是位於非洲西部的內陸國。東北鄰尼日，東南接貝南，南臨象牙海岸、迦納、多哥，西、北與馬利接壤。9世紀曾建立以莫西族為主的王國。1904年淪為法國殖民地，1958年成為「法蘭西共同體」內的自治共和國，1960年8月宣告獨立，1984年8月改國名為「布吉納法索」。

國家檔案

全名	**布吉納法索**
面積	27.42萬平方公里
首都	瓦加杜古
人口	1,951萬（2016年）
民族	主要有莫西族、古隆西族、馬爾卡族、薩莫族等60多個部族
語言	官方語言為法語，主要民族語言有莫西語、迪烏拉語
貨幣	西非法郎
主要城市	瓦加杜古

首都瓦加杜古市內具有蘇丹風格的大清真寺。

非洲好萊塢：瓦加杜古

首都瓦加杜古是全國最大的城市，位於國境中部的莫西高原上，地勢平坦，氣候炎熱。瓦加杜古是一座古老的城市，始建於15世紀，曾為莫西王國的都城達數百年之久，現在仍為莫西王的住地。瓦加杜古是全國政治和經濟中心，還是國家中北部大部分出口物資的集散地，有鐵路通向象牙海岸，亦有公路連接國內主要城鎮及鄰國。不過瓦加杜古最為著名的還是它那「非洲好萊塢」之稱的電影事業。自國家獨立後，瓦加杜古就成了黑非洲影片的總匯地。全市有許多家電影院，每天放映的多數是非洲影片。泛非電影發行公司和泛非電影製片中心都坐落在此，使瓦加杜古成為一座非洲新興的電影文化城。

南北迥異的自然條件

布吉納法索位於西非乾旱地區的南緣，處於熱帶荒漠向熱帶草原的過渡帶，氣候普遍炎熱乾燥，南北差異較大。蘇丹草原範圍最廣，年降水量在1,000毫米以上，雨季長達5～6個月，適宜旱作農業。自然植物有高大的猴麵包樹和具有經濟價值的牛油果樹；向南為熱帶草原，年降水量1,000毫米以上，雨季長達半年，適宜多種農作物生長，是全國主要的農業區；熱帶半荒漠地帶僅限於國土北部的狹窄地帶，雨季短暫、降水稀少，是主要的牧區，但常受乾旱威脅。

象牙海岸 COTE D'IVOIRE

象牙海岸（又音譯為科特迪瓦）是位於非洲西部的沿海國家，東連迦納，北接布吉納法索和馬利，西鄰幾內亞和賴比瑞亞，南瀕大西洋幾內亞灣，海岸線長550公里。全境地勢由北向南緩傾，南部為沿海平原，內陸為高平原，西部是高地。境內河網稠密，水力資源豐富。1893年淪為法國殖民地，1960年8月獨立，定名為象牙海岸共和國，仍留在「法蘭西共同體」內，翌年4月脫離共同體。

國家檔案

全名	象牙海岸共和國
面積	32.25萬平方公里
首都	雅穆索戈
人口	2,366萬（2017年4月）
民族	阿肯族、貝特族、曼迪族、克魯族、沃爾特族等69個部族
語言	官方語言為法語，各部族均有自己語言，全國大部分地區通用烏拉語（無文字）
貨幣	西非法郎
主要城市	雅穆索戈、阿必尚

達姆鼓是象牙海岸最流行的樂器，由於演奏手法的不同，鼓聲千變萬化，表現力極強。在阿必尚街頭經常可以看到兒童樂隊用達姆鼓進行演奏。

珍貴的原始森林

西非是熱帶原始森林保存比較完整的地區，其中象牙海岸的科莫埃和塔伊兩大原始林區較具代表性。

科莫埃原始森林位於象牙海岸北部，這裡有西非最大的自然保護區：科莫埃國家公園，它最突出的特點是擁有各種南方植物和多樣的風景，230公里長的科莫埃河穿園而過，兩岸茂密的原始森林形成了一條綠色通道。此處擁有11種靈長目動物、17種肉食目動物，飛禽更是種類繁多，西非共有6種鸛，這裡就占了4種。而塔伊國家公園是以低地雨林植被聞名。公園裡生活著黑猩猩、穿山甲、斑馬等各種動物。其中賴比瑞亞矮河馬、斑麂羚、金丁克羚羊和奧吉比羚羊為該地區獨有。

發達的交通運輸

象牙海岸是非洲交通最發達的國家之一。2002年交通運輸業產值占國內生產總值的6.2%。阿必尚港是西非最大的天然良港和黑非洲最大的集裝箱碼頭，也是布吉納法索、馬利等西非內陸國家的主要出海口和進出口貨物集散地。港口設備完善，可同時停泊60多艘船隻，年吞吐量近2,000萬噸。象牙海岸還是西非空運最發達的國家之一，全國有大小機場28個，非洲航空公司總部設在阿必尚，共有25家外國航空公司開闢飛往象牙海岸的定期航班。

喀麥隆

非洲

CAMEROON
République du Cameroun

喀麥隆位於非洲中西部，西南瀕幾內亞灣，西接奈及利亞，東北鄰查德，東鄰中非共和國、剛果共和國，南與加彭、赤道幾內亞相連。海岸線長360公里。第一次世界大戰期間，喀麥隆東、西部分別被法、英軍隊占領，第二次世界大戰後，東、西喀麥隆分別由法、英「託管」。1960年1月，喀麥隆法託管區成立喀麥隆共和國，1961年10月，英託管區南部與喀麥隆共和國合併，1972年成立中央集權的喀麥隆聯合共和國，1984年改國名為喀麥隆共和國。

國 家 檔 案

全名	**喀麥隆共和國**
面積	47.57萬平方公里
首都	雅恩德
人口	2,344萬（2016年）
民族	主要有富爾貝族、巴米累克族、赤道班圖族、俾格米族以及馬爾卡族、芳族、杜阿拉族等200多個部族
語言	官方語言為法語和英語，另外約有200種民族語言，但均無文字
貨幣	中非法郎
主要城市	雅恩德、杜阿拉

喀麥隆火山底部長50公里，寬35公里，呈東北－西南走向，山體大致為橢圓形。1982年10月最後一次噴發時，流出大量鹼性玄武岩質熔岩，在山體附近形成了大面積的火山地貌。

喀麥隆火山的西麓代本賈，由於正好面向西南季風，年降水量高達1萬毫米以上，植被非常茂盛。

喀麥隆火山

喀麥隆國土略呈三角形，地形以高原為主。阿達馬瓦高原橫貫國土中部，高原西部就是著名的喀麥隆火山山地，有不少高度超過2,000公尺的錐形山峰，尤其是西南海濱的喀麥隆火山，海拔4,070公尺，是撒哈拉沙漠以南西非和中非的第一高峰，也是非洲西部一座著名的活火山。喀麥隆火山瀕臨幾內亞灣，山體呈橢圓形。這座火山在5世紀～19世紀期間曾噴發過多次，其中有記錄的就達9次之多。20世紀以來，又先後多次噴發。

首都雅恩德市中心的國家統一紀念塔，精巧的螺旋體造型是民族團結和國家統一的象徵。

山體周圍的緩坡上遍布肥沃的火山土，山坡大部分覆蓋著濃密的熱帶雨林。這裡人口稠密、經濟發達，是喀麥隆富庶的農業區之一，多香蕉、橡膠、油棕和可可等種植園。山谷多牧場，景色優美，是著名的旅遊勝地。

第一大城：杜阿拉

杜阿拉是喀麥隆最大的城市和港口，也是中非西部重要的航道和海運中心之一。杜阿拉位於喀麥隆西南的武里河三角洲上，距大西洋海岸僅25公里。因居住於附近的杜阿拉族而得名。杜阿拉在16世紀～19世紀時曾是歐洲殖民者販運奴隸和掠奪象牙的據點，獨立後城市發展迅速，現在已成為全國最大的工業中心，有木材加工、榨油、紡織、造紙、水泥等工業。港口在市區北部，分南、北兩區，北區為香蕉、水泥碼頭；南區可停泊大型海輪，有集裝箱、木材、礦石、石油專用碼頭，其中石油碼頭的規模較大。港口承擔全國95%以上的進出口貨運，並轉運中非共和國和查德的部分進出口物資。杜阿拉的市中心在西部，市內多歐式建築，又滿是棕櫚、芒果、木瓜等熱帶樹木，別有一番非洲熱帶城市風光。

首都雅恩德

雅恩德是喀麥隆的首都和全國第二大城市。位於國境的中南部，西距杜阿拉約200公里，坐落在海拔700多公尺的丘陵上，氣候溫暖潮濕。雅恩德始建於1888年，曾先後成為德、法的殖民統治據點，經過多年發展，工業規模僅次於杜阿拉，有木材、可可加工等工業，農林產品貿易比較繁盛。有鐵路縱貫市區南北，西通杜阿拉，東北通恩岡代雷，並設有國際機場，是喀麥隆沿海與內陸間的交通樞紐。這裡文教事業也很發達，有喀麥隆聯邦大學等高等院校和體育館等。雅恩德城市範圍內沒有河流或泉水，但雨水充足，全年降水的日子多達160多天，因此城市終年翠綠。由於工業區離市區較遠，沒有污染，市內空氣非常清新潔淨。市郊丘陵起伏，森林茂密，有瀑布和岩洞等自然景觀。

上 ｜ 喀麥隆的巴米累克族人對待死亡的態度非常超然，他們認為死亡並非生命的結束，而是一件值得慶祝的喜事，如果是酋長去世，部落裡便會舉行規模盛大的慶典活動。

下 ｜ 喀麥隆國家博物館坐落在首都雅恩德的市中心，雖然規模不大，但藏品都是喀麥隆歷史上各個時期、各個部族的藝術珍品。這件木雕作品造型精巧、刻畫傳神，是博物館中的珍貴藏品之一。

賴比瑞亞 🇱🇷 *LIBERIA*

非洲

賴比瑞亞位於非洲西部，北接幾內亞，西北接獅子山，東鄰象牙海岸，西南瀕大西洋，海岸線長537公里。地勢東北高、西南低，由內陸向海岸逐漸傾斜。美國黑人在此建立移民區，並命名為賴比瑞亞，1847年7月宣告獨立，建立共和國。另一黑人移民區於1854年2月建立馬里蘭共和國，1857年也併入賴比瑞亞。1989年～1996年賴比瑞亞曾陷入長達7年的內戰，停火後各派解除武裝，舉行大選並取得了一致。

首都蒙羅維亞早期曾是美國建立移民據點的地方，至今還保存有當時的部分建築。

豐富的自然資源

賴比瑞亞的自然資源很豐富，擁有多種金屬礦產資源，其中鐵礦砂的生產更是聞名於世。它的鐵礦砂包括赤鐵礦、磁鐵礦和鐵石英幾種，儲量估計為18億噸。主要分布在西南部博米山區和北部邊境寧巴山地區，在馬諾河丘陵和沃洛吉西山區也有大型鐵礦。礦石品位為35%～67%，開採技術較先進，礦石可加工成粉狀、塊狀和球狀。鐵礦開採在國民經濟中占有重要地位，產量曾一度占非洲的第二位。此外，賴比瑞亞還有鑽石、黃金、鋁礬土、銅、鉛、錳和鋅等礦藏。所產礦石幾乎全部出口。森林覆蓋面積479萬公頃，占全國總面積的58%，是非洲一大林區，盛產紅木等名貴木材。鑽石和木材的生產都是賴比瑞亞國民經濟的支柱。

海濱城市：蒙羅維亞

首都蒙羅維亞是全國最大的港口城市。它位於大西洋沿岸聖保羅河口梅蘇拉多角和布希羅德島上，是非洲距南美大陸最近的港口城市、西非重要的出海門戶之一，現在是全國政治、經濟和文化的中心。其中梅蘇拉多角是現代化的繁華商業區；布希羅德島則為新興的工業區，島上有人工港和蒙羅維亞自由港，兩個地區間有跨海的梅蘇拉多大橋相連。市區建有行政大廈、國會大廈、賴比瑞亞大學及國立圖書館、博物館等，「非洲統一組織」的會議大廳也設在這裡。市內有美國式的公共設施、學校，交通方便，有公路、鐵路和機場通往全國，是全國交通和旅遊的中心。

非洲 獅子山 *SIERRA LEONE*

獅子山位於非洲西海岸，北、東北接幾內亞，東南鄰賴比瑞亞，西、西南瀕臨大西洋，海岸線長485公里。屬熱帶季風氣候，高溫高濕多暴雨，年平均氣溫26℃，年平均降水量1,700毫米～4,000毫米，是西非降水量最多的國家之一。1896年淪為英國殖民地，1961年4月宣布獨立，但仍留在大英國協內。

農田灌木叢是獅子山國土南半部占支配地位的植被類型，均為在休耕期加以經營而成的速生林地植物。

自由城

自由城位於大西洋沿岸獅子山半島。17世紀，英、法、荷等殖民者在現在的獅子山一帶掠取木材、象牙、黃金並販運奴隸，17世紀末到18世紀，陸續有幾批被釋放的黑人奴隸從英國移居到這裡，1792年建立定居點，命名為「自由城」。後來，英國又從加拿大販運了一千多名黑人作為移民，之後越來越多的黑人自由人來到此地定居，並開始建設自己的家園。現今自由城已成為獅子山的第一大城市和全國政治、經濟、交通和文化中心，還是著名的港口和旅遊城市。自由城面向大海，背倚青山，景色秀美，氣候溫和，素有「西非雅典」的美稱。市內多為歐式建築，有現代化的政府大廈、市政辦公廳和法院大樓，有精美的伊斯蘭教清真寺和基督教堂；海濱沙灘空氣清新，是療養和旅遊的好地方。

祕密會社

祕密會社在獅子山非常盛行，可說是各個部族生活中不可缺少的部分。會社通常是各自獨立活動，沒有統一的中樞機構。獅子山20多個部族中，比較具影響力的有波羅社、桑德社和邦杜社，其中波羅社影響最大，主要吸收男性成員，桑德社和邦杜社則為女性會社。各部族的成員到了一定年齡都要入社，作為自己長大成人的標誌。各會社都有自己的祕密地點，一般設在茂密叢林中，入口處標有各自會社的徽記。現代的會社主要執行一些宗教、教育等職能，也對人們的社會生活有一定影響。各祕密會社的內部情況一般不向外人透露。

幾內亞

GUINEA
République de Guinée

幾內亞位於西非西岸，北鄰幾內亞比索、塞內加爾和馬利，東接象牙海岸，南與獅子山和賴比瑞亞接壤，西瀕大西洋，海岸線長約352公里。地形以高原、山地為主，處於熱帶雨林向熱帶草原的過渡地帶，水熱條件優越，甘比亞河等西非主要河流均發源於其境內的高原，水力資源豐富，有「西非水塔」之稱。沿海地區為熱帶季風氣候，內地為熱帶草原氣候，年平均氣溫24°C～32°C。1885年被劃為法國勢力範圍，1893年被命名為法屬幾內亞，1958年10月宣告獨立，成立幾內亞共和國。

幾內亞廣闊的熱帶雨林區約占國土面積的43%。

地質奇蹟

幾內亞各種自然資源極其豐富。鋁土儲量估計約為240億噸，占全世界總儲量的2/3，已探明的儲量為180億噸，主要分布在西部和中部等地。鐵礦石儲量約100億噸，品位高達70%，主要分布在西部的卡盧姆角和寧巴山。此外，還有黃金、銅、鈾等，因此有「地質奇蹟」的美譽。水力資源也極其豐富，開發後年發電量估計可達630億度。沿海漁業資源也較豐富，近海淺層水域魚的儲藏量為23萬噸，深海區儲藏量約100萬噸。國土東南部還有大片原始森林，盛產紅木、黑檀木等貴重木材。

寧巴山自然保護區

寧巴山自然保護區位於幾內亞東南部洛拉省、和象牙海岸達納內省境內。寧巴山海拔1,752公尺，山南為低地雨林，山北為熱帶草原，山上覆蓋大片草地，山腰環繞著蔥鬱的林帶，山腳下則是一片遼闊的草場。草場的一塊塊草地彼此隔絕，面積都不大，而生長於此的動物，在各自生長地方的海拔高度和氣候條件共同作用下，都成為當地獨有的品種。比較出名的是一種無尾蛙，這種只有在山頂等有限地方才能找到的小蟾蜍，繁殖後代完全靠胎生，無需經過蝌蚪的變態過程。

國家檔案

全名	**幾內亞共和國**
面積	24.59萬平方公里
首都	柯那克里
人口	1,209萬（2016年7月）
民族	富拉、馬林凱、蘇蘇族等20多個部族
語言	官方語言為法語，各部族均有自己的語言
貨幣	幾內亞法郎
主要城市	柯那克里、金迪亞

寧巴山自然保護區中形態獨特的蟾蜍。

幾內亞比索

GUINEA BISSAU
República da Guiné-Bissau

幾內亞比索位於非洲西部，大陸部分北鄰塞內加爾，東、東南與幾內亞毗連，另有沿海的博拉島、梅洛島等60多個島嶼，海岸線長約300公里。內陸地勢東北高、西南低，平均海拔在200公尺以下。屬熱帶海洋性季風氣候，全年炎熱潮濕，乾濕季分明。境內河網稠密，水深流緩，利於航運和灌溉，但雨季容易造成水災。1951年被葡萄牙定為「海外省」，1973年宣告成立幾內亞比索共和國並頒布憲法，翌年9月葡萄牙予以承認。

幾內亞比索的沿海地帶比較潮濕，分布著廣闊的沼澤林。

國家檔案

全名	幾內亞比索共和國
面積	3.61萬平方公里
首都	比索
人口	175萬（2016年）
民族	富拉、巴蘭特、曼丁哥族等27個部族
語言	官方語言為葡萄牙語，通用克里奧爾語（無文字）
貨幣	西非法郎
主要城市	比索

熱帶水鄉

幾內亞比索地處北緯11°～13°之間，終年高溫潮濕。境內河網稠密，有眾多的湖泊。主要河流有卡謝烏河、熱巴河、科魯巴爾河等，流向均為東北、西南，最後匯入大西洋，其中熱巴河和科魯巴爾河貫穿幾內亞比索全境。這些河流的河道曲折，水深流緩，兼航運與灌溉之利，幾內亞比索因此被稱為「熱帶水鄉」。但幾內亞比索的氣候偏於潮濕，北部年降水量為1,500毫米～

2,000毫米，南部年降水量超過2,000毫米，且沿海多於內陸。5月～11月雨季來臨時，由於有來自海洋的西南季風，濕度較大，7、8月降水最多，多暴雨。這種雨季和特大高潮時豐沛的雨量容易造成河水暴漲，海潮頂托，從而導致水災。

交通樞紐：比索

比索是幾內亞比索的首都和全國最大的城市，位於大西洋沿岸格巴河河口的小島上，有堤道連接大陸。15世

紀中葉起成為葡萄牙殖民據點，1941年殖民首府由博馬拉遷到此地，幾內亞比索獨立後把該地定為首都，現在是全國的政治、經濟、文化和交通的中心。比索有全國最大的海港，年吞吐量占全國總量的90%，兼有國際航空港，是西非重要的海運、陸運和空運的交通樞紐和對外貿易活動中心。

甘比亞 GAMBIA

非洲

甘比亞位於非洲西部，全境為嵌入塞內加爾共和國的狹長平原，西瀕大西洋，海岸線長48公里。地勢平坦，海拔多在50公尺以下。屬熱帶草原氣候，內地年平均氣溫27℃左右，年降水量1,100毫米～1,300毫米，6月～10月為雨季，多狂風暴雨，11月～次年4月為旱季，常有旱災。1783年甘比亞河兩岸被劃歸英國，1888年甘比亞與其他殖民地分離，成為英國旗幟下的獨立殖民地，1965年甘比亞正式獨立，1970年成立共和國。

國家檔案

全名	甘比亞共和國
面積	1.04萬平方公里
首都	班竹市
人口	200.9萬（2016年）
民族	主要有曼丁哥族、富拉族、沃洛夫族、朱拉族和塞拉胡里族
語言	官方語言為英語，民族語言有曼丁哥語、沃洛夫語及無文字的富拉語和塞拉胡里語
貨幣	達拉西
主要城市	班竹市、布里卡馬

「塞內甘比亞石圈」是甘比亞河畔著名的古代遺跡。

甘比亞河

甘比亞的國名得名於甘比亞河。甘比亞河發源於幾內亞富塔賈隆高原，自甘比亞東部科伊納流入，貫穿國境東西，最後注入大西洋，在境內長約472公里，是國內最大的河流。甘比亞河水深谷寬、水量充沛，是西非著名的優良航道。輪船從河上可直達甘比亞東部重要的城鎮巴塞聖蘇，小船還可溯流行到東部邊境村莊。甘比亞主要出口商品就是通過甘比亞河運往沿河各主要港口。該河還與兩岸公路組成水陸聯運網，是甘比亞對外交通的主要管道。

港口城市：班竹市

首都班竹市位於甘比亞河河口的聖瑪麗島東岸，扼甘比亞河出海口，是全國最大的城市和港口。市區建在兩個沙嘴上，平均海拔只有2公尺多，有的地方甚至低於海平面，易受洪害。1949年修建新堤後，陸續疏浚沼澤，使雨季洪害大為減輕。市區東部為港口和商業區，有大型市場和公共事業部門；西部多為娛樂場所；東南部為當地沃洛夫人住宅區，多由茅屋組成，人口稠密。

非洲 維德角  *CAPE VERDE*

República de Cabo Verde

維德角位於北大西洋的維德角群島上，海岸線長912.5公里，屬火山群島，由大小18個島嶼組成，其中聖地牙哥島最大。位於北迴歸線高壓帶附近，屬熱帶乾燥氣候，河流稀少、水源匱乏。年平均溫度20℃～27℃，年降水量僅100毫米～200毫米。1495年淪為葡萄牙殖民地，1975年7月宣布獨立，成立維德角共和國。

國　家　檔　案

全名	維德角共和國
面積	4,033平方公里
首都	培亞
人口	55.3萬（2016年）
民族	絕大部分為黑白混血的克里奧爾人，有少數歐洲人
語言	官方語言為葡萄牙語，民族語言為克里奧爾語
貨幣	維德角埃斯庫多
主要城市	培亞、明德盧

維德角的人口主要分布在聖地牙哥、聖維森特等島嶼，由於歷史原因，維德角在國外的僑民超過國內現有人口總數。

豐富的漁業資源

維德角群島海域廣闊，漁業資源比較豐富，海洋捕撈業發展潛力很大。捕魚業在國民經濟中占有重要地位，2005年海產品出口額為700萬美元。維德角有漁業人口1.4萬，占全國人口的6%，年捕撈量為7,000噸～9,000噸，主要是名貴的鮪魚和龍蝦，大部分以凍魚、乾魚和罐頭魚的形式出口到葡萄牙、西歐和美國。同塞內加爾和幾內亞簽有漁業協定，1997年，維德角與歐共體續簽三年漁業協定，每年可收取53萬美元的許可證費用。

「海灘」培亞

首都培亞位於維德角群島中最大的聖地牙哥島東南岸，是全國政治、經濟和文化的中心。「培亞」在葡萄牙語中意思是「海灘」，因為它1,000多公尺長的海灘，讓來到此地的葡萄牙殖民者留下深刻印象。維德角最初的首府並不是設在培亞，17世紀才遷至培亞。培亞現有榨油、捲煙、魚類加工、水泥等小型工業，它也是歐洲、南美和西非間海底電纜站和來往船隻的燃料補給站，並設有航空站。市內環境清幽，山峰、海岸的旖旎風光常令來到此地的遊人流連忘返。

「海灘」培亞，高聳於海面的山峰，崎嶇壯觀，海水清澈見底，是維德角主要的旅遊勝地之一。

塞內加爾

SENEGAL

La République du Sénégal

塞內加爾位於非洲大陸的最西端，北接茅利塔尼亞，東鄰馬利，南接幾內亞和幾內亞比索，西瀕大西洋，海岸線長約500公里。屬熱帶草原氣候，年平均氣溫29℃，最高氣溫可達45℃。7月～10月為雨季，11月～次年6月為旱季。1864年淪為法國殖民地，1958年成為「法蘭西共同體」內的「自治共和國」。1959年與蘇丹（今馬利共和國）結成聯邦，1960年6月馬利宣告獨立，同年8月塞內加爾亦退出聯邦，成立獨立的共和國。

塞內加爾的迪烏拉族人主要居住在塞內加爾河沿岸，他們用茅草建造的小屋簡單、舒適，是塞內加爾土著文化頗具特色的代表。

國家檔案

全名	塞內加爾共和國
面積	19.67萬平方公里
首都	達卡
人口	1,432萬（2016年）
民族	主要有沃洛夫、謝列爾、頗爾、迪烏拉、圖庫列爾族等20多個部族
語言	官方語言為法語。全國80%的人使用沃洛夫語
貨幣	西非法郎
主要城市	達卡、聖路易、考拉克、捷斯

塞內加爾河三角洲

塞內加爾河三角洲位於塞內加爾河河口、維德角以南，地勢低平、沼澤遍布。三角洲水草豐盛、環境優美，富有原始的自然風貌，是鳥類生息繁衍的樂園。著名的覺烏德基鳥類國家公園就坐落於此。這裡現有水禽300多種，蓖鷺、蒼鷺和白鷺分布很廣。不僅生活著大量留鳥，而且還棲息著幾十種候鳥，其中最多的是鵜鶘、鶴和野鴨。那些北極圈內的候鳥，每年都要飛越2,000多公里的撒哈拉沙漠，來到這裡尋覓適合牠們的生活環境。這裡還有世界上僅存的海牛，難得一見的白鵜鶘、夜鷺、非洲白琵鷺等。而且塞內加爾河三角洲地區因土質疏鬆，亦是海龜繁殖的最佳場所。此外，魚類和浮游生物也非常豐富。

奴隸島：戈雷島

在首都達卡東南大約3公里的海上有一座小島：戈雷島。戈雷島之所以出名，不是因為海島美麗的自然風光，而是因為島上至今仍

戈雷島是殖民主義者野蠻行徑的歷史見證，這裡曾有2,000萬黑奴被販運到美洲。

保留著200多年前，西方殖民者為販賣和囚禁黑人奴隸而修建的「奴隸堡」遺址。15世紀中葉開始，葡萄牙殖民者就已經沿大西洋南下，入侵並占領了戈雷島，在這裡構築炮台，並從事奴隸買賣活動。後來戈雷島又先後被荷蘭、英國、法國占領，在此進行罪惡的奴隸貿易。奴隸堡建在小島西部，為木石結構的城堡，分上、下兩層，上層是奴隸販子的住房，下層是關押奴隸的囚室。囚室有暗道直通海邊，成千上萬的奴隸就是從這裡被驅趕上船並販運到異國的。

堆花生比賽

塞內加爾盛產花生，常被人們稱為「花生之國」。塞內加爾人因此與花生結下了不解之緣，「堆花生比賽」就是人民最鍾愛的一項體育活動。每到花生收穫季節，由當地酋長來主持這項活動。首先找一位有經驗的人在地上畫一道線，圈出花生要堆放的位置。酋長宣布比賽開始後，競賽者們可以用各種辦法將花生袋放入剛剛畫好的線內，照著金字塔的形狀堆起來。隨著他們一趟趟地來回奔忙，花生袋也越堆越高，當堆到最頂端、只能放一袋時，就算堆成功。比賽通常不是單人參賽，而是分組進行，每組50人，獲勝的組每位組員會得到一袋花生作為「獎品」。

非洲小巴黎：達卡

達卡是塞內加爾的首都。它位於非洲大陸最西端的維德角半島頂端，是個三面瀕臨大西洋的半島城市。地處熱帶，氣候溫和宜人。市區中南部的普萊圖區是市中心，林蔭大道兩側商業、服務和行政機關的高層建築鱗次櫛比，而且風格獨特，各具風情，因此達卡有「非洲小巴黎」之稱。在大西洋畔城市的一角，還有一個格外引人注目的小「工藝村」。這裡的村民並非土生土長，而是政府為了弘揚民族傳統手工藝，特別從流浪街頭的熟練手工藝者中挑選入村。一走進小村，各種造型別緻、充滿異國奇趣的手工藝品便紛呈眼前。其中最著名的是各種木雕製品，這些用非洲烏木和桃花心木雕製的人像、面具、各種動植物，構思奇巧、工藝精湛，線條古樸又不失靈活，是頗具代表性的非洲手工藝品傑作。

「小巴黎」達卡工藝村中出售的壁畫，精美的畫面完全是以鑲嵌工藝製成的。

塞內加爾的地形比較平坦，中部、東部為半乾旱地區，強烈的風蝕作用為這裡塑造出許多形象奇特的岩石景觀。

查德 ▮▮▮ *CHAD*

非洲

查德是位於非洲中北部、撒哈拉沙漠南緣的內陸國。西鄰尼日、奈及利亞，南鄰喀麥隆、中非，東鄰蘇丹，北接利比亞。東、北部為高原、沙漠地帶，西、南部比較平坦，平均海拔不足1,000公尺。北部屬熱帶沙漠氣候，南部屬熱帶草原氣候，全年炎熱高溫，除北部高原山地外，大部分地區年平均氣溫在27℃以上，北部可達29℃。19世紀末淪為法國殖民地，1960年獨立，稱查德共和國。

國家檔案	
全名	查德共和國
面積	128.40萬平方公里
首都	恩加美納
人口	1,185萬（2016年）
民族	柏柏爾、瓦達依、薩拉、馬薩等256個部族
語言	官方語言為法語和阿拉伯語
貨幣	中非法郎
主要城市	恩加美納、薩爾赫

查德湖附近的乾河谷。

查德湖

查德湖位於查德國境西部，查德、尼日、奈及利亞、喀麥隆4國接界處，為非洲第四大湖。湖水面積的季節變化很大，雨季可達2.2萬平方公里，旱季則縮小到雨季時一半以下。近年來西非持續乾旱，湖面逐漸縮小。湖水深度亦歷年不同，水位年變幅0.6公尺～0.9公尺，多年變幅在2公尺以上。每年最低水位出現在6月～7月，最高水位在11月～12月。查德

湖的流域面積約為100萬平方公里，當地博爾努人稱它為「查德湖」，即「大積水潭」，國家亦因此湖得名。

別緻的蛋形小屋

查德居民居住的房子樣式頗為別緻，與眾不同。整個房屋沒有一根柱子，牆壁用泥糊塑成。屋子外觀呈弧形，遠遠望去形似雞蛋，因而被稱為「蛋形屋」。屋子的泥牆塑到最高處留有

一個小孔，作為通氣口。內壁抹得很光滑，有些地方根據需要塑成書架和櫃櫥，用來存放東西。屋子外壁塑有一些棱柱，一來為了美觀，二來還可以用作爬上屋頂的梯子，設計別出心裁。屋頂的通風口又保證了室內的清爽。這種蛋形小屋結構合理，外形優美，充分體現了查德獨特的民族風情和當地居民的生活狀況。

📖 **Travel Smart**

礦產│教育

1. 查德礦產資源豐富，主要有天然鹼、石灰石、白陶土和鎢、錫、銅、鎳、鉻等，1970年以來，塞迪蓋地區、多巴盆地和瓦達伊盆地均發現石油。

2. 查德是黑非洲教育水準較低的國家，2003年成人文盲占總人口的54.2%。

中非 CENTRAL AFRICA
République Centrafricaine

中非是位於非洲大陸中部的內陸國家。東接蘇丹，南接剛果共和國和剛果民主共和國，西連喀麥隆，北鄰查德。境內除北部為平原外，平均海拔600公尺～900公尺的高原橫亙東西，是剛果河和查德湖兩大水系的分水嶺。北部屬熱帶草原氣候，南部屬熱帶雨林氣候，終年濕熱，年平均氣溫26℃，5月～10月為雨季，11月～次年4月為旱季。1910年被劃為法屬赤道非洲的四個領地之一。1960年8月宣布獨立，但仍留在「法蘭西共同體」內。

國家檔案

全名	中非共和國
面積	61.81萬平方公里
首都	班基
人口	459.5萬（2016年）
民族	巴雅、班達、班圖等60多個部族
語言	官方語言為法語和桑戈語
貨幣	中非法郎
主要城市	班基

設施。還有麵粉、製革、榨油等工業，是咖啡、木材、棉花等的集散地。班基是全國最大的河港，又為全國公路樞紐，並建有現代化機場，是聯繫國內的主要城市。

中非臨近赤道，終年濕熱多雨。居民平時都習慣穿拖鞋，五顏六色的「人」字形拖鞋是當地孩子們最喜歡的式樣。

邊境首都：班基

首都班基是全國最大的城市，處於非洲地理中心。與剛果民主共和國僅一水之隔，是世界上少有的幾個邊境首都之一。市內有較大的紡織廠，還有班基大學、國家藝術學校、博物館等文化

珍貴的森林

中非鄰近赤道，尤其南部地區屬熱帶雨林氣候，長年濕熱，雨量豐沛，水網稠密，為大片雨林的生長提供了良好的自然環境，因而成為地球上森林資源最豐富的國家之一。中非森林面積10.2萬平方公里，約占國土面積的16%。這裡雨林生長茂密，樹種繁多。其中木材儲存面積為9,000萬立方公尺，盛產非洲梧桐、橄欖仁樹、黑檀、烏木、桃花心

中非境內稠密的水網提供了可觀的漁業資源，漁民多以手動撒網捕撈為主。

木等熱帶名貴木材。同時雨林深處還是黑猩猩等各猿類的理想棲息場所，因而被人們稱為「世界上最珍貴的森林」之一。

蘇丹  SUDAN
جمهورية السودان

蘇丹位於非洲東北部，北鄰埃及，西北鄰利比亞、查德、中非共和國，南毗剛果民主共和國、烏干達、肯亞，東鄰衣索比亞、厄利垂亞，東北瀕紅海，海岸線長720公里，是非洲面積最大的國家。地處沙漠向雨林生態過渡帶，最熱季節氣溫可達50℃，長年乾旱，年均降水量不足100毫米。蘇丹歷史悠久，19世紀末期淪為埃及和英國的殖民地，蘇丹人民進行了長達半個多世紀的反抗侵略鬥爭，1956年1月宣布獨立，成立蘇丹共和國。

國家檔案

全名	蘇丹共和國
面積	250.58萬平方公里
首都	喀土穆
人口	3,958萬（2016年）
民族	有19個種族，阿拉伯人約占39%，其餘為黑人
語言	官方語言為阿拉伯語，通用英語
貨幣	蘇丹鎊
主要城市	喀土穆、恩圖曼、瓦德邁達尼、朱巴

番瀉葉是蘇丹比較常見的一種植物，食用後會導致輕微腹瀉，有較高的藥用價值。

貫穿全境的尼羅河

蘇丹的大部分河流都屬於尼羅河水系。尼羅河在蘇丹境內長約3,300公里。幹流白尼羅河上游屬山地型河流，朱巴以下進入尼羅河上游盆地，形成大片沼澤地帶；當流至馬拉卡勒附近先後有兩條河匯入，水量大增，河床變寬，全年流量都比較穩定；到了喀土穆，白尼羅河與最大支流藍尼羅河匯合，水量驟增。藍尼羅河全年流量極不穩定，暴漲暴落，洪水期與枯水期流量相差60多倍。流至阿特巴拉時，尼羅河接納了最後一條支流阿特巴拉河，進入沙漠地帶，河水又大量耗失，並有一系列的急流和瀑布。

豐富的資源

蘇丹國土幅員遼闊，是非洲面積最大的國家，廣袤的土地擁有各種豐富的自然資源。蘇丹有得天獨厚的林業資源，全國森林面積

Travel Smart

兩種顏色的河

蘇丹首都喀土穆是尼羅河兩大支流的匯合點，藍尼羅河和白尼羅河在這裡匯合後，才稱為尼羅河。由於藍尼羅河流區多火山岩岩層，河水溶解了大量含硫物質，水色顯現碧藍色；而白尼羅河沿途流經的地區大多是沼澤地帶，水中所含雜質大部分已經沉澱，顏色比較純淨。當這兩條河在喀土穆匯合時，由於水的流速、比重均不相同，需要經過一段距離的流動才會融合為一條河流，因此，在喀土穆兩條河的交匯處便出現了藍白分明的稀有景觀。

5,838.5多萬公頃，約占全國總面積的23.3%，南部熱帶雨林地區有不少珍貴樹種，是非洲重要的硬木林區之一。其中科爾多凡高原是阿拉伯樹膠的主要產地，所產樹膠品質優良，產量占世界60%～80%，是蘇丹主要出口商品之一。在蘇丹熱帶草原和森林地區，生活著諸如獅子、羚羊、胡狼、野牛、鴕鳥、珠雞、仙鶴等各種飛禽走獸。礦產方面，已探明的資源主要有鐵、鉻、銅、鈾、錳、金、銀、鉛、石膏、石油、石英等等，其中鐵的蘊藏量最大，有鐵礦床近20處。

隨著社會的發展，蘇丹的土著也有了現代化的裝備，一位棟古拉族人正提著他的AK47步槍巡視自己的牧群。

馬赫迪派運動

蘇丹在19世紀末期淪為埃及和英國的殖民地。1881年，蘇丹爆發著名的民族革命：馬赫迪派運動。出身船工之家的穆罕默德·艾哈邁德發動了這場舉世聞名的反對外國侵略革命。他自稱為「馬赫迪」，意為「救世主」，通過教義發動群眾，提出「廢除苛捐雜稅，實現人人平等」的口號，號召人民起來反抗殖民統治，得到人民的一致回應。1885年1月，革命軍在喀土穆大敗英軍，攻占了喀土穆，並殺死英國殖民者任命的「蘇丹總督」戈登。1885年9月，革命軍解放蘇丹全境，建立了馬赫迪伊斯蘭共和國。馬赫

迪本人於1885年6月逝世，沒有來得及參與新國家的建立，這個由他發起並建立的政權前後存在14年之久，為非洲人民反抗殖民統治樹立了光輝的典範。

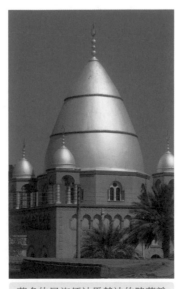

著名的民族領袖馬赫迪的陵墓就位於恩圖曼市中心。

紋面習俗

紋面是蘇丹各種民族風俗中頗具特色的一種，年代由來已久，據說最初是用來作為區別不同部落之間的標誌，後來則逐漸演變成了區別教別和不同家族的標誌，以至最後發展成為一種美的象徵。紋面的具體步驟，首先是用筆在臉上或額頭上，按各自家族的統一圖案畫好圖樣，家族不同，圖案也各異，線條有橫有豎，條數也是兩條或三條不一。其次沿著畫好的線用小刀割破皮膚，在割去表皮的地方抹上油，等傷口癒合後，留下的疤痕就是紋面。各部族紋面的年齡不一樣，有的是幼年時，有的則等到成年後。通常，紋面被看作是勇敢的象徵，成年人如果臉上沒有紋面的話，會被視為懦夫，沒

有女孩子願意嫁給他。目前，蘇丹的紋面習俗已經漸趨弱化，在大多數老年人和中年人臉上還可看到紋面，而紋面的孩子卻已經很少見了。

「世界火爐」喀土穆

喀土穆位於藍、白尼羅河的交匯處，是蘇丹共和國的首都和最大的工商業城市。據說15世紀時阿拉伯人來到此地，看到這裡狹長的地形猶如大象的鼻子，便稱此處為「喀土穆」，阿拉伯語意為「象鼻」。這裡是蘇丹政治、經濟、文化的中心，但真正使喀土穆出名的，卻是它的氣候。喀土穆海拔380公尺，氣候炎熱乾燥，年平均氣溫28.7℃，最熱季節氣溫可達50℃，因而有「世界火爐」之稱，據說喀土穆人每年有7個月是在戶外睡覺。市內有紡織、食品、印刷、製革、水泥、金屬工具、化工日用品等工業。商業發達，是棉花、阿拉伯樹膠、花生、芝麻等農牧產品的最大集散中心。市區內有高大的建築群，主要建築物有宮殿和議會廳等。獨立後新建了許多文化娛樂設施，

現代的蘇丹人依然保持自己的民族風格，在首都喀土穆，人們在閒暇之餘，仍然習慣換下西裝，穿上傳統的長袍。

阿拉伯人是蘇丹人口最多的民族，主要生活在蘇丹中部和北部，從事農業，過定居生活。

有公園、動物園和藏有幾千年歷史文物的博物館，還有現代化的行政、商業大廈，有多座清真寺、古羅馬天主教堂、科普特教派基督教堂和希臘正教教堂，建築風格各具特色。

國家門戶：蘇丹港

　　蘇丹港是蘇丹主要的海港。它位於蘇丹東北部紅海西岸。背倚丘陵，後有廣闊腹地，扼紅海通往地中海的航運要衝，地理位置十分重要，因而有「國家門戶」之稱。蘇丹港屬於深水良港，可停靠3.5萬噸級油輪。港區擁有現代化的倉庫、碼頭和裝卸設備，年吞吐量800萬噸，承擔著90%的進出口運輸任務。蘇丹港還是個以煉油為主的工業城市，擁有現代化煉油廠，以及船舶修理、汽車修配、食品等工業，附近盛產池鹽。有鐵路、公路與喀土穆等國內重要城市相連，並有輸油管通向喀土穆。市區近年來修建了不少現代化建築物，多用當地的海礁石建成，並保留著傳統的大頭屋頂建築形式，市容別具風格。

蘇丹農業分為合作社、國營農場以及私人耕作區等多種經營方式，多數地區仍為畜力耕作。

厄利垂亞

ERITREA

厄利垂亞位於非洲東北部，西鄰蘇丹，南鄰衣索比亞，東南與吉布地相連，東北瀕紅海，海岸線長1,200公里，包括達赫拉克群島及其他100多個島嶼。高原地區氣候宜人，年均氣溫17℃；東部和西部低地氣候炎熱乾燥，紅海沿岸地區為沙漠。厄利垂亞是個新獨立的國家，它所在地區歷史上長期受衣索比亞統治，厄利垂亞經過30年武裝鬥爭獲得全國解放，於1993年5月宣布獨立。

國家檔案

全名	厄利垂亞國
面積	12.13萬平方公里
首都	阿斯瑪拉
人口	586萬（2016年）
民族	提格雷尼亞、提格雷、阿法爾等9個民族
語言	提格雷尼亞語。通用英語、阿拉伯語
貨幣	奈克法
主要城市	阿斯瑪拉

首都阿斯瑪拉分為當地居民的居住區和義大利人建造的現代化街區，天主教大教堂是市內著名建築物。

個是當地居民居住區，主要建築是一些叫做「特庫爾」的木頭小房子，這種房子修築成圓桶形屋子、圓錐形屋頂，充滿厄利垂亞傳統的民族風情。另一區是現代化街區，是由當年的義大利人修建的。市內著名的建築有天主教大教堂、大清真寺等，有大小工廠100餘家，其中製革工業最為著名，還有電力、紡織、捲煙等企業，附近還可開採銅和食鹽。

名的旅遊點。厄利垂亞政府鼓勵私營機構投資旅遊業，但旅遊設施落後，加之連年戰亂使旅遊業受到嚴重破壞。與衣索比亞的衝突使厄利垂亞的旅遊業大受影響，遊客銳減。兩國衝突進入和平解決階段後，旅遊業狀況有所改善。2001年來厄利垂亞旅遊的人數為9.3萬，比上年增長了75%。

首都阿斯瑪拉

阿斯瑪拉位於衣索比亞高原東斷崖頂部。從前只是提格雷人的一個村莊，曾經受埃及統治。19世紀末被義大利占領，成為義大利殖民地厄利垂亞的首府。1962年被併入衣索比亞，1993年厄利垂亞獲得獨立後，定都阿斯瑪拉。市內分為兩個區，一

發展中的旅遊業

旅遊業是厄利垂亞唯一賺取外匯的服務行業。厄利垂亞歷史悠久，古阿克森姆王國大部分區域在其境內，目前尚存不少遺跡。厄利垂亞境內地形多樣，自然景觀豐富，阿斯瑪拉、馬薩瓦、阿薩布和達赫拉克群島均為著

厄利垂亞的畜牧業在國民經濟中占有重要地位，主要牲畜有綿羊、山羊、牛和駱駝等。

非洲 吉布地 *DJIBOUTI*

جمهوريه جيبوتي

吉布地位於非洲東北部、亞丁灣西岸，東南接索馬利，北接厄利垂亞，西、西南和南部鄰衣索比亞。境內有灌木林、平原和火山。酷熱少雨，只有季節性小溪，景物奇異，素有「地質學活標本」之譽。19世紀末淪為法國殖民地，1975年獨立，1977年成立吉布地共和國。吉布地自然條件差，工農業基礎薄弱，其經濟支柱是以交通運輸、商業和服務業為主的第三產業。

1,000多年來，阿薩勒湖湖水的含鹽量越來越高，現在已達到24%，鹽的總儲量有9億噸之多。

阿薩勒湖

阿薩勒湖是非洲著名的鹹水湖。它位於吉布地中部、東非大裂谷帶的北端，距吉布地市僅90公里。阿薩勒湖處在低於海平面的達納基爾沙漠帶，四周火山環繞，湖面低於海平面156公尺，是非洲大陸的最低點。阿薩勒湖南北長16公里，東西寬6.5公里，由於附近的海面比湖面高，海水便會穿過透水層滲流到湖裡，使湖水的含鹽量不斷增高，而這一奇特的現象也使阿薩勒湖以生產食鹽而聞名遐邇。

迥異的生活方式

吉布地有70%以上的人口集中在城市，城市人口高度集中。沿海城市與外部社會交往較為密切頻繁，生活方式和習俗受阿拉伯和歐洲的影響比較明顯；而一些部落仍保持著自己的傳統。伊薩族人按父系續譜，女兒可繼承父親一半遺產。偏遠地區的阿法爾人，僅使用樹圍起來的小屋當作住宅，並在身上塗上油以防止蟲蟄。

吉布地的首都吉布地市位於塔朱拉灣的入口處，是吉布地最大的港口城市。

衣索比亞

ETHIOPIA
የኢትዮጵያ ፌደራላዊ ዲሞክራሲያዊ ሪፐብሊክ

衣索比亞是位於非洲東北部的內陸國。東與吉布地、索馬利亞接壤，西與蘇丹交界，南鄰肯亞，北接厄利垂亞。境內高原面積占全國面積的2/3，年平均氣溫13℃，主要以熱帶草原和副熱帶森林氣候為主，兼有山地和熱帶沙漠氣候。境內多湖泊、河流，水力資源豐富，因此也被稱為「東非水塔」。衣索比亞的國名來源於希臘語，其意為「曬黑了的面孔」、「被太陽曬黑的人聚居的土地」。

國家檔案

全名	衣索比亞聯邦民主共和國
面積	110.36萬平方公里
首都	阿迪斯阿貝巴
人口	1.02億（2016年）
民族	奧羅莫族、阿姆哈拉族和提格雷族等80多個少數民族
語言	阿姆哈拉語、英語及200多種方言
貨幣	衣索比亞比爾
主要城市	阿迪斯阿貝巴、德雷達瓦、貢德爾

衣索比亞境內水系多依高原地勢呈發射狀分布，高原河流落差大，多峽谷、瀑布和急流。

🌍 自然地理

衣索比亞位於「非洲之角」的中心，境內地勢偏高，全國平均海拔2,500公尺～3,000公尺，有「非洲屋脊」之稱。由於地勢變化較大，這個地處熱帶的國家，它的氣候和植被也隨地勢高度的不同，呈現從熱帶到溫帶的垂直變化。境內眾多河流、湖泊也為其帶來豐富的水力資源。

衣索比亞高原

衣索比亞高原位於衣索比亞中西部，面積80多萬平方公里，平均海拔2,500公尺以上，一直被稱為「東非屋脊」。這裡還有許多海拔在3,500公尺以上的熄火山和熱泉，達尚峰海拔4,620公尺，是衣索比亞境內第一高峰，眾多河流發源於此。斜穿高原中部的東北－西南向裂谷，寬約40～60公里，是東非大裂谷的支段，底部有濟瓦伊等湖盆。這裡農業歷史悠久，作物種類繁多，是世界農作物的起源地之一。

垂直分布的氣候和植被

由於境內既有高原，又有低地，因此隨著海拔高度不同，衣索比亞的氣候呈明顯的垂直分布，通常分為5個地帶：貝哈雷帶，指海拔500公尺以下的平原和低地，終年酷熱，絕對最高溫度超過46℃；柯拉帶，海

拔500～1,800公尺，炎熱乾燥；沃伊那德加帶，海拔1,800～2,400公尺，年均氣溫18℃～20℃，降水豐富；德加帶，海拔2,400～3,500公尺，年均氣溫15℃左右；維契帶，海拔3,500公尺以上，常見冰雹和霜凍。

發源於衣索比亞高原的河流多順坡西流，將高原分割成大小不等、頂部平坦、邊緣陡峭的桌狀台地。

🏛 歷史文化

位於「非洲屋脊」的衣索比亞是一個有著3,000多年歷史的古國。自西元前975年孟利尼克一世稱王到1995年衣索比亞聯邦民主共和國的建立，其間歷經分裂與統一。人們常說衣索比亞的疆界是真正地「由勇士的長矛和彎刀刻下的」，因為它的軍隊曾在1896年擊敗過入侵的歐洲軍隊，使其成為非洲唯一沒有淪為歐洲殖民地的

國家。輝煌的歷史也令衣索比亞較好地保留了其獨特而富有種族多樣性的文化。

衣索比亞一些部族的婦女以上唇開洞為美，有些人上唇的洞孔甚至可以塞進一隻木盤。

阿杜瓦的輝煌

19世紀晚期，衣索比亞與義大利簽定了《烏查理條約》，其中第17條規定，衣索比亞與他國交戰時，可以求助義大利政府。義大利將此條約的義大利文本中的「可以求助義大利政府」改成「必須求助義大利政府」，宣布衣索比亞已受義大利保護，妄圖通過篡改條約，將衣索比亞變為自己的保護國。衣索比亞皇帝孟尼利克二世斷然宣布廢止該條約。義大利又以「贈送」200萬發子彈為條件，想誘使孟尼利克二世就範，再次遭到失敗，於是悍然發動侵略戰爭。但衣索比亞人民上下一心，團結一致抗擊侵略者，在阿杜瓦大敗義軍，贏得衛國戰爭的勝利，義大利被迫賠款

求和，在《阿迪斯阿貝巴條約》上簽字，承認衣索比亞領土和主權的完整。這是非洲人民反殖民鬥爭的一次重大勝利。

拉利貝拉岩石教堂

拉利貝拉岩石教堂位於首都阿迪斯阿貝巴以北300多公里處，是12世紀札格王朝的國王拉利貝拉為了表達作為基督徒內心的虔誠，而下令讓工匠直接在岩石上雕鑿的，歷時20多年。這些教堂完全處在山體岩石內，教堂內部除支撐頂部的石柱和拱門之外全被掏空。這些建築有古老的阿克森姆式的石柱走廊、鏤空透雕的門窗以及各種紋飾、塑像、浮雕和祭壇等。所有建築不使用任何灰漿，教堂與教堂之間有地下通道或岩洞相連。這些在

拉利貝拉各教堂內的壁畫均屬於基督教的宗教題材，這幅色彩鮮豔的壁畫講述的是《聖經》中的故事。

岩石中建成的教堂體現了高度的建築技巧，一被發現便震驚了世界，已經被聯合國教科文組織列入《世界遺產名錄》。

方尖碑這種紀念碑建築形式已經被全世界所採用，圖為阿克森姆遺址。

阿克森姆考古遺址

阿克森姆文明是古代非洲的重要文明之一。阿克森姆考古遺址位於衣索比亞北部，是阿克森姆文明的發源地。其建築藝術在阿克森姆文明中占有非常突出的位置。巨型方尖碑是阿克森姆文明的標誌性建築，這些石碑都是在花崗岩山石上直接雕鑿出來的，一般高3公尺～4公尺，最高的有33公尺。阿克森姆考古遺址有一處由7座方尖碑組成的石碑群，其中5座早已倒塌，剩下的2座中，有一座高達33公尺，是世界上人類豎起的最高石碑。另一座高24公尺，在碑頂雕刻著一面類似盾牌的圖案，這座石碑在義大利占領衣索比亞期間，被墨索里尼掠往羅馬。在遺址北面還有阿克森姆國王卡列

卜的陵墓，墓室牆上刻有衣索比亞最古老的文字蓋埃茲文，是今天衣索比亞官方語言阿姆哈拉文的前身。

奇怪的曆法與時間

按照衣索比亞曆，新年從9月11日開始，這一天意味著春天的到來。衣索比亞的曆法比西曆要晚7年8個月，或者晚8年。另一個獨特之處是，該曆法規定每年有13個月，其中12個月為

30天，還有一個月只有5天（閏年為6天，每四年計一次閏年）。因此在衣索比亞的旅遊小冊子上，人們有時會看到「歡迎來衣索比亞享受13個月的陽光」的字樣。除了曆法，在每天的時間劃分也與眾不同，雖然仍是把一天分為24小時，但卻是以日落和日出來作為兩天的分界。據說採用這種方法可能與靠近赤道、全年日起日落沒有太大變化有關。

上｜在拉利貝拉眾教堂中最受基督教徒尊崇的是聖瑪利亞教堂，其內部裝飾極其豐富多彩。

下｜在拉利貝拉的眾多教堂中，最引人注目的就是耶穌基督教堂，它長33.5公尺，寬235公尺，高10.6公尺，精雕細刻的飛簷由34根方柱支撐，是衣索比亞唯一一座擁有5個中殿的教堂。

主要城市

衣索比亞的城市主要分布在高原地區和交通幹線沿線，人口主要集中於大城市。衣索比亞是一個農業國家。早在3,000多年前，就有尼格羅人在此從事農業活動。農業是國民經濟的支柱，但生產力過於落後，尚屬原始的自然經濟形態，而以農產品加工為主的工業也是基礎薄弱；畜牧業由於缺乏管理，易受乾旱和瘟疫影響，發展比較緩慢；礦產資源比較豐富但開採規模很小。因此，衣索比亞被聯合國列為世界最不發達國家之一。

高原城市：阿迪斯阿貝巴

阿迪斯阿貝巴海拔2,450公尺，是衣索比亞的首都和最大的城市。它地處國土中心，風景優美、氣候溫和，因此被孟尼利克二世皇帝看中，於1887年在此建立國家的新都，取名「阿迪斯阿貝巴」，意為「鮮花」。現在，這裡已成為全國的政治、經濟和文化的中心。有繁華的商業區、著名的阿迪斯阿貝巴大學、考古博物館等。市區自恩托托山麓向南伸展，依地勢高低分為上城和下城。上城在北部，是集中的居住區和商業區；下城是政府機關、旅館分布區，多高層建築，是非洲聯盟總部所在地。

旅遊城市貢德爾

貢德爾是衣索比亞著名的古城和旅遊勝地。位於國土中北部、塔納湖北側海拔2,121公尺的山地上。這裡原本只是個不起眼的小村莊，17世紀前期法西利德

貢德爾至今還完好地保留著17世紀時的城堡建築。

斯皇帝將國都遷到此地，之後，歷代皇帝都對此處加以整修和擴建，城市日漸繁榮，規模也不斷擴大，時至今日仍保留許多珍貴的名勝古蹟，如王城遺址、法西利德斯皇帝浴場、聖堂等古建築，郊外還有梅茲雅布女王時期修建的庫斯庫阿姆城，使貢德爾成為著名的旅遊城市。

古代的阿克森姆是阿克森姆王國的都城，現在這座古老城市只留下殘垣斷壁。

索馬利亞 *SOMALIA*

索馬利亞位於非洲大陸最東部的索馬利亞半島上。這個半島突出在印度洋和亞丁灣之間,很像犀牛的角,索馬利亞正位於這個角上,因而被稱為「非洲之角上的國家」。索馬利亞北臨亞丁灣,東瀕印度洋,西接肯亞和衣索比亞,西北接吉布地。海岸線長3,200公里。大部分地區屬熱帶沙漠氣候,西南部屬熱帶草原氣候,終年高溫,乾燥少雨。從19世紀晚期開始,索馬利亞南、北部淪為分屬義大利和英國的殖民地。1960年南、北部分別獨立,同年合併成立共和國。

國 家 檔 案

全名	索馬利亞共和國
面積	63.77萬平方公里
首都	摩加迪休
人口	1,081萬(2016年)
民族	絕大多數為索馬利亞人,全國分為薩馬萊和薩布兩個族系
語言	官方語言為索馬利亞語和阿拉伯語,通用英語和義大利語
貨幣	索馬利亞先令
主要城市	摩加迪休、哈爾格薩、基斯馬尤

農業是索馬利亞主要的經濟部門,也是政府的重點投資部門。

紛亂的政局

索馬利亞在遭受了長期的殖民統治後,北區和南區於1960年分別獨立,7月1日合併,成立索馬利亞共和國。1969年,國民軍司令穆罕默德‧西亞德‧巴雷發動政變上台,成立索馬利亞民主共和國。1991年西亞德政權被推翻,內戰中索馬利亞多個政權並存:1991

年5月索馬利亞北部宣布獨立,成立「索馬利亞蘭共和國」;1995年6月穆罕默德‧法拉赫‧艾迪德宣布成立政府; 1998年阿卜杜拉希‧尤素福在東北部成立「邦特蘭」地方行政機構。經過分化組合形成四分天下的格局。

首都摩加迪休

索馬利亞的首都摩加迪休位於國境東南部的印度洋海岸上,是國內最大的港口城市。它背倚謝貝利河下游平原,腹地廣闊。1960年被定為索馬利亞首都,是全國政治、經濟、交通、文化和宗教的中心。城市建築既有西方風格,又極富阿拉伯特色,有清真寺140多處,

充分體現了古代的建築藝術風貌,而以白色為主的建築風格也使摩加迪休擁有了「印度洋上的白色明珠」的美稱。

首都摩加迪休市區面積很大,最主要的兩條街道呈十字交叉縱橫分布,道路兩側商店、餐廳放眼皆是,是市內最繁華的地段。

蒲隆地

BURUNDI
Republika y'Uburundi

蒲隆地是非洲東部的內陸國，北接盧安達，東、南與坦尚尼亞交界，西鄰剛果民主共和國，西南瀕坦噶尼喀湖。境內主要為高原、山地。西部屬東非裂谷帶，東南部為盆地，屬熱帶草原氣候；中部為高原，屬山地氣候。河網稠密，溫和多雨，年平均氣溫一般為20℃～24℃，最高可達到33℃。19世紀末到20世紀中期曾先後淪為德國與比利時的殖民地，於1961年迫使比利時承認蒲隆地自治，並於次年宣布獨立，成立君主立憲制王國。

湖濱山城：布松布拉

布松布拉位於蒲隆地國境西部、坦噶尼喀湖北岸，是蒲隆地共和國的首都，現在是全國政治、經濟和文化的中心。咖啡、棉花、畜產品等貿易繁盛，也是淡水魚基地。有農產品加工、食品、水泥等小型工業，產值占全國的一半以上。還是重要的水陸聯運樞紐，是全國進出口的門戶。城市背山面湖而建，山水相依，景色優美，市內熱帶樹木花卉繁茂，一年四季常綠如春，有各種造型別緻的民房建築，布松布拉大學、工業研究所和社會教育中心也坐落在這裡。

蒲隆地圖西族人的舞充分體現他們粗獷熱烈的性格，舞者通常以雄壯的鼓聲伴奏，舞蹈達到高潮時，鼓聲和舞者的喊聲合成一片，構成一曲激烈的戰歌。

民間舞蹈

蒲隆地各地的民間舞蹈是人民日常生活的重要組成部分。其中，北方舞蹈動作有力，代表性舞蹈「英托利」也是非洲中部最著名的舞蹈，舞者身著筒裙，腳下戴一串腳鈴，大幅度地轉動頭部、甩動雙臂，腳下打出複雜的節奏。南方舞蹈的主要特點是動作柔和、舒緩，均為女子集體舞蹈，較有代表性的是一種模擬皇冠鳥的舞蹈，其動作有伸展雙臂、轉頭、動肩等，但腳下很少打點，也不像其他黑非洲舞蹈那樣激烈。此外還有男女舞者手持鋤頭表演生產勞動的集體舞蹈等。

茶葉是蒲隆地重要的經濟作物之一，主要分布在蒲隆地高地地區，大部分供出口之用。每年的採茶季節，是茶農最忙碌也是最欣喜的時刻。

盧安達

RWANDA
Repubulika y'u Rwanda

盧安達位於非洲中東部赤道附近，北鄰烏干達，東接坦尚尼亞，南接蒲隆地，西與剛果民主共和國交界。全境多山，有「非洲的瑞士」、「千丘之國」之稱。東部是草原、丘陵和沼澤湖泊地帶，中部為高原，西南部邊境地區較平坦，大部分地區屬熱帶高原氣候和熱帶草原氣候，溫和涼爽，年平均氣溫18℃。境內水網較稠密、水流湍急，富水力資源，但缺乏航運價值。一戰後被「委託」給比利時統治，於1962年宣告獨立。然而當地圖西和胡圖兩個部族之間流血衝突不斷，直至1995年國內局勢才趨於穩定。

盧安達由於地處尼羅河以及剛果河的分水地區，境內河網密布，有卡蓋拉河、魯齊齊河、尼亞巴隆戈河等，西部的河流和溪水屬於剛果水系，均匯入基伍湖，各河流勢湍急，多急流、瀑布。

國家檔案

全名	**盧安達共和國**
面積	2.63萬平方公里
首都	吉佳利
人口	1,195萬（2016年9月）
民族	由胡圖（85%）、圖西（14%）和特瓦（1%）3個部族組成
語言	官方語言為盧安達語、英語和法語，部分民族講斯瓦希里語
貨幣	盧安達法郎
主要城市	吉佳利

基伍湖

　　基伍湖是一個位於盧安達境內、東非大裂谷底的斷層湖，平均水深約180公尺，最深處可達400公尺，素有「小地中海」之稱。基伍湖地處谷底，湖中島嶼眾多，四周高聳的山峰雲霧繚

繞，與清澈的湖水相映，景色如畫。這個美麗的湖泊雖然表面平靜，卻具有極大破壞性。湖底滲出的二氧化碳，因上面巨大水壓而積聚下來，在細菌的作用下轉化為沼氣。如果出現人為的觸發，很可能會使沼氣冒出水面，一旦接觸到明火，易燃的沼氣馬上會引發爆炸，把四周燒成灰燼。

盧安達雖然位於赤道附近，但因其平均海拔較高，大部分地區都溫和涼爽，適宜熱帶植物和水果的生長。

阿卡蓋拉國家公園

阿卡蓋拉國家公園是盧安達的國家公園中最為著名的一個。地處盧安達東北部，占地2,500平方公里，園內山巒起伏，大小湖泊20多個，動物種類繁多，有大象、河馬、犀牛、獅子、豹、鬣狗、狒狒等。此外，四不像在阿卡蓋拉公園裡得到很好的豢養。牠們外形奇特，毛色在夏天呈淺紅褐色，冬天則會變成淺灰褐色，是一種十分稀有的保護動物。由於採取有效的保護措施，阿卡蓋拉國家公園內的動物，特別是瀕危的物種，在這裡得到了很好的保護，避免滅絕的厄運。

大群的水牛是阿卡蓋拉國家公園內的一大特色。在河灘上覓食的水牛悠然自得，一副安詳平和的樣子。

烏干達 REPUBLIC OF UGANDA

非洲

烏干達是橫跨赤道的非洲內陸國家。北接蘇丹，西接剛果民主共和國，東接肯亞，南鄰盧安達、坦尚尼亞。全境屬東非高原，南部擁有非洲最大淡水湖維多利亞湖近一半的水域，素有「東非明珠」的美名。屬熱帶草原氣候，年平均氣溫22℃，氣候溫和，雨量充沛。19世紀中葉遭到歐洲殖民勢力入侵，淪為英國的「保護國」，正式稱為「烏干達」。第二次世界大戰後得以獨立，1967年建立共和國。烏干達多民族的特點，使國內存在不少種族與宗教矛盾，從而引發政權的幾度更迭。

烏干達森林資源非常豐富，熱帶喬木種類繁多，植物種類約達2萬種。盛產硬質木材，包括紅木、椴木和橄欖樹等。

高原水鄉

烏干達國土大部分處在海拔1,200公尺左右的高原上，東非大裂谷西支縱貫西部。境內河湖廣布，沼澤眾多，水域面積4.2萬平方公里，占全國總面積的17%，素有「高原水鄉」的美稱。主要的河流有維多利亞尼羅河、亞伯特尼羅河、阿丘瓦河、卡富河和卡通加河等，大多數河流屬於尼羅河水系，水量豐富。維多利亞尼羅河和亞伯特尼羅河為白尼羅河的主要支流，穿流南北，在結晶岩出露處和從高原進入裂谷處有險灘、瀑布，其中里彭瀑布和卡巴雷加瀑布水力資源豐富。東北部屬內流區，多季節性河流。東南臨維多利亞湖。其他較大湖泊還有基奧加湖、亞伯特湖、愛德華湖等。

首都康培拉

康培拉是烏干達的首都，也是全國最大的城市。它位於國土中南部的高地上，地處北緯0°19′，是一座赤道線上的高原城市。康培拉坐落在7座小山丘上，平均海拔1,190公尺，所以雖然處在赤道上，氣候卻非常溫和。維多利亞湖碧波蕩漾，

烏干達自然條件比較好，氣候溫和，雨量充沛，而且降水的季節分布也比較均勻，維多利亞湖和魯文佐里山脈山地是典型的多雨區，年降水量1,500毫米～2,000毫米，溫暖濕潤的環境適合多種植物生長，竹子尤其繁盛。

岸邊棕櫚搖曳，市區的大街上到處都是綠色的芭蕉樹，而且種類繁多、姿態各異，使康培拉獲得「芭蕉城」的稱號。康培拉從10世紀末到19世紀中葉，一直都是強盛的烏干達王國的都城。城內歷史文物眾多，在各個山頂上，至今還保存著宏偉的宮殿、寺院、教堂、陵墓等建築。如基督教新教的聖保羅大教堂、羅馬天主教的盧巴加教堂、伊斯蘭教的基本利清真寺等等。這些文化古蹟使康培拉在現代化色彩中透著古香古色的風韻。烏干達被人們稱為「東非明珠」，而康培拉則被稱為「明珠中的明珠」。

魯文佐里國家公園

魯文佐里國家公園位於烏干達西南部平原、和魯文佐里山南麓的丘陵上，以所在的魯文佐里山脈而聞名。這座位於赤道上的山脈有終年繚繞不去的雲霧，這裡山的海拔高，雲層卻壓在海拔僅2,700公尺的高度，濕潤的霧氣常年不散，促進了山上植物的生長。高聳的山梗菜有些竟有5公尺高，香蕉樹在木羊齒植物和攀緣植物間隨處生長。魯文佐里山的雲母片岩在陽光照耀下閃閃發光，再加上山頂積雪的反射，使魯文佐里山脈發出奇異的光芒。由於這些罕見的景象，當地的巴納特人都相信山脈中藏匿著「鬼靈」，更使魯文佐里籠上一層神祕面紗。除此之外，公園裡還生活著黑猩猩、大象、河馬、各種鳥類等林林總總的動物。

香蕉文化

烏干達以盛產香蕉而聞名，烏干達人民更是與香蕉結下不解之緣，香蕉的每個部分都能被他們巧妙地加以利用。其中香蕉肉的用途最多，可以直接做成甘甜可口的香蕉汁飲料，加高粱麵發酵後做成清涼解暑的香蕉啤酒，烤製後做成清香四溢的香蕉小點心，還有一種風味獨特的烏干達蕉飯；香蕉皮可以做飼料、曬乾後當柴燒；香蕉花可以做染料；香蕉樹的根可以煎成暖胃的湯藥；香蕉莖裡的纖維可以撮繩子、做提袋；香蕉葉可以包東西，紮在葫蘆上作為青年向心上人表達愛意的信物。當有貴賓來訪時，好客的烏干達人會砍下整棵香蕉樹插在家門口，以表示歡迎和祝福。因此香蕉總是被烏干達人親切地稱為「萬寶囊」。

上 ｜ 隨著社會的開化，烏干達各部族已逐漸放棄一些傳統的生活習慣。婦女已不再赤身裸體，而是穿上從商店裡買來的棉布衣裙。

下 ｜ 歐文水電站設計發電能力150萬千瓦，現在這裡已成為烏干達工業的主要動力來源。

坦尚尼亞

TANZANIA

Jamhuri ya Muungano wa Tanzania

坦尚尼亞位於非洲東部、赤道以南，由坦噶尼喀和桑給巴爾兩部分組成，包括坦噶尼喀的大陸部分、桑吉巴島、奔巴島和20多個小島組成，坦尚尼亞的國名就是由「坦噶尼喀」和「桑吉巴」兩個名字合稱而來。大陸部分東臨印度洋，南接尚比亞、馬拉威和莫三比克，西鄰盧安達、蒲隆地和剛果民主共和國，北接肯亞和烏干達。大陸海岸線長840公里。

國家檔案

全名	坦尚尼亞聯合共和國
面積	94.51萬平方公里
首都	杜篤馬
人口	5,248萬（2016年）
民族	蘇庫馬、尼亞姆維奇等126個黑人部族，以及少數的亞洲、歐洲和阿拉伯人
語言	官方語言是史瓦希里語、英語
貨幣	坦尚尼亞先令
主要城市	沙蘭港、杜篤馬

吉力馬札羅山高聳入雲，由印度洋吹來的東風抵達這裡後，水氣在陡然上升過程中凝結，因此山頂白雪皚皚，形成赤道奇觀。

🌐 自然地理

坦尚尼亞內陸的地勢西北高、東南低，呈階梯狀。東部沿海為低地，西部的內陸高原面積占內陸總面積一半以上。東非大裂谷從馬拉威湖分東西兩支縱貫南北，形成了星羅棋布的湖泊群。北部高原矗立著壯麗的火山群。東部沿海地區和部分低地地區屬於熱帶草原氣候，炎熱潮濕。西部內陸高山屬熱帶山地氣候，涼爽而乾燥，大部分地區平均溫度21℃～25℃；而桑吉巴等島則屬熱帶海洋性氣候，終年濕熱，年平均氣溫26℃。雨量分布受地形、海陸位置和水域影響明顯。其中維多利亞湖區年降水量超過2,000毫米，是東非降水量最多的地方。

吉力馬札羅山

吉力馬札羅山位於坦尚尼亞東北部，靠近肯亞邊境，是非洲第一高山，有「非洲之巔」之稱。吉力馬札羅山由3座主要火山組成，其中基博和馬文齊兩個主峰最為著名，尤其是年輕的基博峰海拔5,895公尺，是非洲的最高峰。馬文齊峰海拔5,149公尺，另一座沙拉峰海拔3,778公尺，是老火山口的殘餘部分。約在5,200公尺以上的山頂部，覆蓋著永久冰雪，形成了「赤道雪峰」的奇觀。平時，山頂雲霧繚繞，當雲霧散盡之時，雪峰就會顯現出來，在陽光照射下顯得光彩奪目。美國作家海明威來

過此地後，寫下著名作品《雪山盟》，更吸引了每年數以萬計的遊客來此。這座赤道雪峰的壯麗景色，猶如天地般恢弘寬廣。

大象是塞倫蓋提草原上主要的「居民」。

坦噶尼喀湖

坦噶尼喀湖位於東非大裂谷西支南端、坦尚尼亞與剛果民主共和國、蒲隆地和尚比亞的交界處。它是非洲的第二大湖、世界第二深湖。

湖區狹長，東西寬僅約48公里～70公里，南北長卻有720公里，也是世界上最長的淡水湖。湖域面積3.29萬平方公里，平均水深700公尺，最深處1,435公尺。湖周圍多高崖環繞，集水面積域24.5萬平方公里，有馬拉加拉西河、魯齊齊河及許多山溪注入，「坦噶尼喀」在當地班圖語中是「眾水彙集之地」的意思。湖水向西流注入剛果河，水位由於該河經常淤塞而常有變化，水位年變幅約0.7公尺，全年平均水溫23℃。湖濱氣候宜人，漁業發達，有各種魚類、鱷魚、河馬、各種鳥類等豐富的野生動物資源，景色秀美，已被開發為旅遊勝地。湖上水運發達，部分剛果民主共和國的外貿物資、以及

和蒲隆地的大部分外貿，都經此轉往坦尚尼亞，然後由鐵路通往出海口。

恩戈羅恩戈羅火山口

恩戈羅恩戈羅火山口位於坦尚尼亞北部東非大裂谷內，東距阿魯沙128公里。直徑約18公里，深610公尺。以前高度為現在的兩倍，250萬年前最後一次爆發時，頂部下塌成凹穴。在地質學上，由火山爆發或塌陷形成的火山口稱為「破火山口」，恩戈羅恩戈羅是邊緣保持完整的破火山口中最大的一個。它的形狀就像一個大盆，「盆底」直徑約16公里，底部面積326平方公里，是世界第二大火山口。在火山口內的動物估計約

塞盧斯野生動物保護區是坦尚尼亞最大的國家公園，此處地廣人稀，受到國家的保護，是各種野生動物繁衍生息的天堂。

恩戈羅恩戈羅火山口內2/3是草地，每年12月至翌年4、5月間雨季過後，火山口內的草地便呈現出一片翠綠，夾雜著粉紅、黃色、藍色和白色花朵，當5月～11月旱季來臨時，草地才會漸漸由綠轉黃。

《雪山盟》

《雪山盟》是海明威最優秀的短篇小說之一，作品講述一位作家哈里成名之後，在紙醉金迷的生活中逐漸靈感枯竭。他希望通過打獵來激發自己的靈感和熱情，不料患病腿部壞疽，死神最終奪走了他的生命，然而他的精神卻超越物質的軀殼，飛向吉力馬札羅之巔。這部作品採用意識流的手法，將哈里的生活描繪成一幅多層次的畫面，儘管在逐漸低沉的旋律中透著死亡的悲哀，但面對死亡這種別無選擇的結局，哈里坦然的硬漢精神依然讓人感受到生命的最強音。

有3萬多隻，包括獅子、疣豬、鬣狗等50多種動物，以及200多種鳥類。大部分動物都長年定居在火山口內，這裡已闢為野生動物園。這種與外界隔絕的地理特徵，吸引許多動物學家和科學家到此研究野生動物及獨有的生態特徵。

歷史文化

坦尚尼亞是古人類的發源地之一，古老的人類在此繁衍與生息，眾多種族於此彙聚和融合，形成了坦尚尼亞多民族、多宗教並存的特點。近代坦尚尼亞人民抗擊英國殖民統治的鬥爭，為他們的歷史寫下壯麗的一頁。悠久的歷史哺育出它獨具特色的民族文化和藝術，風格各異的生活方式，古樸奇異的古老風俗，令這個古老的非洲國家散發著無窮魅力。

古人類的發源地

在坦尚尼亞境內東非大裂谷中的許多地方，已經發現早期人類化石和石器遺址，其中奧杜威峽谷出土的化石最為著名。1959年，考古學家路易士·利基和妻子瑪麗·利基在奧杜威峽谷發現一個人類顱骨化石，經過各種方法的鑑定，證明是生活在距今175萬年前的古人類化石。1978年，瑪麗·利基又在奧杜威峽谷以南的萊托利遺址上，發現幾組早期人類在火山灰上行走留下的腳印，經鑑定，留下腳印的人類大約生活在350萬年前。這些是世界迄今為止發現的最古老的人類之一。

邊境上建於西元初年的古老阿拉伯貿易站，至今仍保存得頗為完整。

畜牧業是坦尚尼亞的傳統產業。

敬老好客的習俗

坦尚尼亞人非常好客，十分尊重老人，很注重禮節。有些部族，如蘇庫馬族、哈亞族、貝納族的婦女，在同長者講話時，要跪下或坐在地上講，以示尊重。馬賽族、梅魯族青年向長者問好時，長者要用雙手撫摸他們的腦門作為祝福。晚輩見到老者要用敬語問候；晚輩在長者面前不能坐姿不端正，不能在長者離席前先行離席；和長者一同席地而坐時，不能伸腿或後仰。晚輩接受長者送的東西時，要用雙手接，如果東西很小，可用右手接，絕對不可用左手接；遞東西給他人時，也要用右手；如果不得不用左手時，一定要向對方致歉。在坦尚尼亞，日常生活中左右手分工十分明確，右手用來握手、吃飯，左手用來洗下身。

主要城市

由於仍是個農業國，坦尚尼亞的城市化進程比較緩慢，都市規模普遍偏小，但都各具特色。沙蘭港是非洲重要的政治都市，新都杜篤馬是一個新型城市，東北部的坦噶是有名的「劍麻城」，而維多利亞湖畔的姆萬扎則是理想的旅遊城市。坦尚尼亞所擁有的眾多自然景觀和國家公園更是一向為世人所矚目。

和平之港：沙蘭港

沙蘭港是坦尚尼亞最大的城市，還是全國政治、經濟、文化中心。沙蘭港的原意是「和平之港」，它地處非洲印度洋沿岸中段，居於西印度洋航運要衝。這裡的港口港區遮罩良好，倉庫、修船、裝卸設備齊全，港池水域面積96公項，是國內最大的港口，也是東非最著名的港口之一。城市的文教事業也比較發達，有沙蘭港大學、工學院等高等學校。市中心的火炬廣場上聳立著白色的自由火炬紀念碑，象徵坦尚尼亞人民渴望自由、團結的民族精神。它同時也是非洲重要的政治城市，非洲許多重要政治會議都在這裡舉行。

坦尚尼亞村莊多位於農田或牧場間，造型別緻的圓柱形屋牆和圓錐形屋頂是其主要特色。

首都杜篤馬

杜篤馬位於坦尚尼亞中部的高原上，是坦尚尼亞的首都。它地處國土中心，既是國內的交通樞紐，又是中央鐵路和奈洛比至開普敦的國際公路幹線大北公路的交會點，交通位置極為重要，因此被稱為「坦尚尼亞心臟」。1973年，坦尚尼亞政府決定在此建設新都。近十年來，杜篤馬發展迅速，已經成為一座頗具規模的新型城市，城市設計巧妙，充分體現「因地制宜、經濟節能、注意環保」的特點。

為保護環境，杜篤馬的住宅區中樓層都不超過4層，儘量利用天然條件進行採光和通風。

經濟

坦尚尼亞土地肥沃，雨量充沛，是一個以農業為主的國家。全國有可耕地3,940萬公頃，已耕地620萬公頃。主要糧食作物有玉米、小麥、稻米、高粱等，主要經濟作物有劍麻、丁香、咖啡、棉花、腰果、蓖麻、煙葉、除蟲菊等，都具有重要的經濟價值。工業比較落後。近年來政府通過調整經濟政策，使農業、工業、金融和對外貿易等各方面都得到了比較快速穩定的發展，而方興未艾的旅遊業也成了坦尚尼亞經濟發展的一大重點。

拌著濃汁的咖哩牛肉飯、豆板魚、羊肉米飯都是坦尚尼亞人最愛吃的東西。

丁香之國

坦尚尼亞的主要經濟作物有丁香、劍麻、咖啡、煙葉

等，其中以丁香和劍麻，尤其是丁香最為著名。丁香性溫味辛，能治療呃逆及胸膜脹悶疼痛等疾症，還有驅蟲的作用。被稱為「公丁香」的就是丁香花蕾，它所提取的丁香油是名貴的香料，可以用來做高級糖果、食品和香煙調味料，或高級化妝品的原料。坦尚尼亞素有「丁香之國」的稱號。桑吉巴是世界上產丁香最多的地方。那裡溫熱的氣候、肥沃的土壤非常適宜丁香樹生長。在桑吉巴的奔巴島上，有數百萬株丁香樹種植在起伏的丘陵上。奔巴島的丁香樹不是灌木，而是高達34公尺甚至78公尺的常綠喬木。從飛機上俯瞰，被茂密丁香樹覆蓋的奔巴島就像鑲嵌在碧海中的綠色寶石。每年7月花蕾由翠綠變成紅色，正是採摘的時候，坦尚尼亞人民將丁香花運往桑吉巴港以供出口。

旅遊王國

坦尚尼亞的動植物資源非常豐富，發展旅遊業的條件得天獨厚，全國有12個野生國家動物園、19個野生動物保護區、50個野生動物控制區。1/3的國土為國家公園、動物和森林保護區。憑藉吉力馬札羅山壯麗的雪峰奇景、維多利亞湖迷人的激灩波光、東非大裂谷帶豐富的動植物景觀、奧杜威

峽谷的古人類化石和活動遺址這些優越的自然條件，每年都能吸引來自世界各地的大批遊客前來旅遊觀光。可以說是非洲首屈一指的旅遊勝地。

椰子是坦尚尼亞主要水果之一，儘管已經有了現代化的採摘設備，身手敏捷的當地人還常喜歡徒手爬上樹去一顯身手。

肯亞

非洲

KENYA

Jamhuri ya Kenya

肯亞位於非洲東部、東非高原的東北，赤道橫貫國境中部，東非大裂谷縱貫南北，因而有「東非十字架」之稱。國土東鄰索馬利亞、南接坦尚尼亞、西連烏干達、北與衣索比亞和蘇丹交界，東南瀕臨印度洋，海岸線長536公里。肯亞是古人類發源地之一，中部有高度位居非洲第二的肯亞山，高聳入雲，山頂終年白雪覆蓋，山腰卻是常綠如春。赤道以北大部分屬半沙漠氣候、乾旱少雨；以南屬熱帶草原氣候，低地濕熱，高地溫和。

峰頂銀白、山腰翠綠的肯亞山，是肯亞最美麗的標誌。

國家檔案

全名	**肯亞共和國**
面積	58.26萬平方公里
首都	奈洛比
人口	4,679萬（2016年）
民族	基庫尤、盧奧、盧希亞等42個部族，及少數印度、巴基斯坦、阿拉伯和歐洲人
語言	官方語言是史瓦希里語、英語
貨幣	肯亞先令
主要城市	奈洛比、蒙巴薩、納庫魯

🌍 自然地理

肯亞位於東非高原的東北，平均海拔1,500公尺。西南部為肯亞高地，高地東部的肯亞山為全國最高峰。高地以東為廣闊的高原，東南部沿海為平原。境內東有塔納河、加拉納河等長流河；西有恩佐亞河等，裂谷地區為內流河。

肯亞山

位於肯亞高地東部的肯亞山海拔5,199公尺，為肯亞最高峰。肯亞山是東非高原上的一座死火山，火山口經過強烈侵蝕、切割，形成了若干高聳的山峰。肯亞山雄踞在赤道附近，山頂卻終年白雪皚皚，從遠處眺望，肯亞山峰頂雪白、銀光閃閃，山腰卻是一片蒼翠黛綠，黑白相間，分外明麗。現在1,500公尺～3,000公尺以上的森林帶已闢為國家公園，內有水牛、大象等動物，是肯亞著名的旅遊景點之一。

圖爾卡納湖

　　圖爾卡納湖位於肯亞北部，長290公里，最寬處達56公里，面積6,405平方公里，是肯亞境內最大的內陸湖。湖中有3個主要島嶼，其中的中心島內又有小湖，形成了湖中有島、島中有湖的奇異景觀。這裡不僅景色迷人，還以「人類的搖籃」著稱於世。1972年，在湖畔的庫彼福勒地區發掘出一個古人類頭骨，經鑑定，生存年代距今已有290萬年，從而證實人類在地球上至少已生活了100萬年。

🏛 歷史文化

　　與坦尚尼亞一樣，肯亞也是早期人類的發源地之一。早在300萬年前，就已有古老的人類在這片土地上繁衍、生息，古老的智慧與文明隨著時間長河傳承下來。雖幾經歷史的滄桑與遭受侵略的磨難，但崇尚自由與和平的肯亞人民依然保持古樸奇特的民族風情。進入現代化生活的城市居民仍保留他們對動物特有的偏愛，而驍勇的馬賽人，仍在遊牧生活中堅持他們磨難主義的生活方式。

茅茅運動

　　1895年英國宣布肯亞為「英屬東非保護地」，開始了殘酷的殖民統治。英國殖民者長期的掠奪和壓榨，使肯亞人民積聚已久的反抗情緒逐漸被激化起來。1948年，基庫尤族的愛國主義者們祕密集會，發動被稱為「茅茅運動」的武裝起義。起義軍以「奪回被白人搶去的土地」、「要求獨立」等為口號，起義從中央省迅速擴展到肯亞山以南地區。在廣大人民的擁護下，隊伍迅速發展到3萬多人，沉重打擊了英國殖民者。1952年起，英殖民政府調動部隊對起義軍開始血腥鎮壓。1956年，起

圖爾卡納湖位於肯亞北部，與衣索比亞邊境相連，是肯亞國內最大的內陸湖。

木雕是肯亞傳統的手工藝品,取材廣泛,以形象生動聞名。這兩座手執長矛和盾牌的武士木雕造型刻畫誇張大膽,線條粗獷不失流暢,是肯亞傳統木雕藝術的一個典型代表。

義軍司令基馬提被俘,英勇不屈,被殖民當局殺害,起義也被鎮壓下去。起義雖然失敗,但它已經大大鼓舞了肯亞人民反抗侵略的鬥爭士氣,對以後肯亞的最終獨立具重要的推動作用。

偏愛動物的國民

種類繁多的野生動物是肯亞最大的特色,肯亞因此被譽為「鳥獸的樂園」,肯亞人民對動物更是有著特殊的偏愛。傳統的部落中至今還流傳以動物作為圖騰或偶像的原始宗教。在奈洛比、蒙巴薩這樣現代化的大城市中,人們對於動物的熱愛,絲毫不比傳統部落遜色,衣食住行都與動物密不可分。衣服上印的是動物圖案,工藝品市場裡出售的是各種動物造型的雕塑、石刻,就連家裡用的也是動物名字作為商標的日用品,甚至一些藝文團體、體育團隊等都喜歡以動物來命名,如「豹子俱樂部」、「獅子足球隊」等。

🚇 主要城市

肯亞是個農業國家,都市化水準依然較低,城市大多數都是作為農牧產品集散地和旅遊點的小城。然而正是這些小城市在全國政治、經濟和文化生活中,起了重要的紐帶作用,將各地與首都連接起來,也把國土上多彩的自然景觀和風土人情連成一派怡然風光。

花之都:奈洛比

首都奈洛比位於國土中南部的高原上,距赤道不到150公里,但氣溫很少超過27℃,在當地語言中,奈洛比即為「涼爽之地」。1899年作為肯亞至烏干達鐵路線上的要站而建立。城內花紅草綠,林木蔥翠,最有特色的是城外保留著大片的原始森林,面積達115平方公里。林內棲息著許多野獸,是世界唯一的城市野生動物園。奈洛比國家動物園和蛇公園是著名的旅遊勝地。國立博物館、蛇園以及動物孤兒園等,均是奈洛比市內的著名遊覽勝地。

奈洛比是東非最繁華的城市之一,高樓大廈、豪華飯店、漂亮公寓、超級市場應有盡有。市內有尖塔高聳入雲的大清真寺,有國立博物館、奈洛比大學、體育場、圖書館等。位於市中心的肯亞塔國際會議中心是城內最雄偉的建築物,站在頂層可飽覽全城風貌。這裡已舉行過許多次世界和區域性國際會議。此外,奈洛比也是全國主要農產品集散地和加工

水泊位，可停泊2萬噸級貨輪，是烏干達、盧安達等國貨物進出口的門戶，也是水泥、石油提煉、農林產品加工工業中心。市內有49座清真寺，其中一座建於1570年，每年都有各地伊斯蘭教徒絡繹不絕地來這裡朝拜。另有古老的城堡，向人們展示著這座城市的悠久歷史。而這裡因曾受阿拉伯、印度、葡萄牙、英國各種文化影響，也使城市帶有一種獨特的文化氛圍。

「花之都」奈洛比海拔1,676公尺，是非洲海拔第二的首都。

蒙巴薩是全國重要的工商業中心。城市分為新、舊兩區，舊區主要是16世紀時葡萄牙人修建的古城堡，新區則是近年來發展起來的完全現代化的街區，高樓林立，街道鱗次櫛比，蒙巴薩的主要的高層建築和繁華商業區都集中在這裡。

中心，以及全國鐵路、公路和空運的樞紐，東非大多數商行在此設立總公司。市中心有政府機關大樓、商業大樓、現代銀行和旅館等。街道呈棋狀布局。居住區較分散，西北部原為歐洲人居住區，接近市中心地段，北部為亞洲人居住區，南部為非洲人居住區。現在居住逐漸混雜，但仍保持原有格局。

蒙巴薩

蒙巴薩位於肯亞東南部，東臨印度洋，是全國最大的港口城市。蒙巴薩港有完善的現代化設備，有16個深

肯亞工業近年來發展較快，雖然境內沒有石油資源，但其煉油業發展卻非常迅速，是其工業的主要部門之一。

旅遊業

旅遊業是肯亞最重要的外匯來源之一，主要旅遊資源是各地的野生動物園、博物館及各種自然景觀，如被稱為「地球臉上最大的傷疤」的東非大裂谷，非洲第二高峰肯亞山，「鱷魚的極樂世界」圖爾卡納湖等，都是非常有名的旅遊勝地。

◉ 經濟

肯亞是一個農業國，農牧業為經濟支柱，工業具有一定規模。農牧業人口占總人口70%以上，主要作物為玉米、小麥、咖啡、茶葉和除蟲菊等，糧食基本可以自給。工業以勞動密集型的加工製造業為主，有紡織、服裝、食品、水泥、煉油、汽車裝配等部門。此外，旅遊業也是肯亞外匯收入的主要來源之一。肯亞曾是撒哈拉以南非洲經濟狀況較好的國家之一，但近年來由於各種自然災害和人為因素，經濟一度惡化，2001年經濟才初步實現止跌和回升，目前正處於緩慢復蘇與發展中。

農業

農業是肯亞經濟的支柱，全國有70%以上的人口從事農牧業，農業產值占國內生產總值17%，主要集中在南部地區。正常年景糧食基本可以自給，並有少量出口。主要糧食作物有玉米、小麥、稻穀、豆類和薯類等；經濟作物主要供出口，品種有茶、花卉、咖啡、除蟲菊、劍麻、水果、肯亞豆等。肯亞大部分地區適宜發展畜牧業，主要產品是肉類和乳製品。此外，肯亞漁業資源極其豐富，大多來自境內的內陸淡水湖泊，其中維多利亞湖產魚量占漁業生產總量的90%。肯亞每年漁業總產量約18萬噸～20萬噸，其中有相當一部分向歐洲出口。

赤道幾內亞

EQUATORIAL GUINEA

República de Guinea Ecuatorial

赤道幾內亞位於非洲中西部，由大陸和島嶼兩部分組成，大陸部分北鄰喀麥隆，東、南與加彭接壤，西臨大西洋，海岸線長482公里。島嶼部分包括畢爾科島等島嶼。全境屬熱帶雨林氣候，大部分地區終年濕熱，年平均氣溫24°C～26°C。15世紀～18世紀曾淪為葡萄牙殖民地，19世紀劃歸西班牙，1964年實行內部自治，1968年10月宣告獨立，成立赤道幾內亞共和國。

國家檔案

全名	赤道幾內亞共和國
面積	2.80萬平方公里
首都	馬拉博
人口	122.1萬（2016年）
民族	主要部族有芳族和布比族
語言	官方語言為西班牙語，法語為第二官方語言
貨幣	中非法郎
主要城市	馬拉博

石油是赤道幾內亞重要的資源，近年來石油工業迅猛發展，目前在此處開採石油的主要是美孚、埃爾夫等西方大型石油公司。

幾內亞灣的明珠

赤道幾內亞的國土除了陸地之外，還有若干個島嶼，包括畢爾科島（舊稱馬西埃島或斐南多波島）、寇里斯科島、安諾本島和埃洛貝群島。島嶼散布在大西洋中，景色秀美，尤其是畢爾科島，被稱為「幾內亞灣的明珠」。畢爾科島位置偏北，是赤道幾內亞的島嶼中面積最大的一個，有2,017平方公里。島上有卡爾德拉和聖伊莎貝爾兩座火山南北聳立，形狀彷彿一座駝峰，其中聖

伊莎貝爾火山海拔3,007公尺，為全國最高峰。島上覆蓋著千百年來堆積的火山灰，因而林木茂盛，一系列的火山口都已經變成清澈的湖泊，景致清幽，是旅遊觀光的好去處。畢爾科島南部山地迎風坡的年降水量達到1萬毫米以上，每年的雨日有200天左右，是世界上降水最多的地區之一。

木鼓舞

木鼓舞是赤道幾內亞古老的民族舞蹈，青年男女常借此傳達相互之間的情意。在充滿濃郁熱帶風情的鄉村裡，這個風俗至今仍然非常盛行。跳木鼓舞時，青年男女們會穿上不相同的服飾，通常男子赤裸上身，露出繪在上身和胸部的黑白兩色條紋；少女們則在頭上插上鳥羽，腰上圍著獸皮製成的漂亮短裙，在小腿繫上一串串叮噹作響的小鈴鐺，或

是成串的貝殼。他們手拿木鼓，隨著歡快的節奏翩翩起舞，木鼓發出「啪啪」、「篤篤」的聲音，傳達彼此的心意。舞蹈完畢後，青年們若尋到彼此心儀的對象，就會結為戀人。戀愛期間，還會時常再跳木鼓舞蹈，以加深彼此的瞭解，同時藉以表達衷腸。隨木鼓舞歡快的節奏，彼此感情漸深，直到結為夫婦。在婚禮上，新郎和新娘會請自己同齡好友前來跳舞慶賀，以祝願成婚的兩人永遠健康、幸福。

Travel Smart

捕魚區

赤道幾內亞擁有近30萬平方公里的海上專屬捕魚區，生產金槍魚和非洲黃魚等。

聖多美普林西比

SAO TOME AND PRINCIPE

República Democrática de São Tomé e Príncipe

聖多美普林西比是位於非洲中西側、幾內亞灣東南部的島國，距非洲大陸201公里，由聖多美、普林西比、羅拉斯、卡羅索等14個小島組成。東與加彭、東北與赤道幾內亞隔海相望，海岸線長220公里。15世紀～18世紀先後被葡萄牙、荷蘭、法國等國家占領。19世紀末再度淪為葡萄牙殖民地，1975年7月宣告獨立，定國名為聖多美和普林西比民主共和國。

國家檔案

全名	聖多美和普林西比民主共和國
面積	1,001平方公里
首都	聖多美
人口	19.7萬（2016年）
民族	90%為班圖人，其餘為混血人種
語言	官方語言為葡萄牙語
貨幣	杜布拉
主要城市	聖多美

首都聖多美城坐落在聖多美島東北部，面向幽靜的海水，是一座安祥的田園城市。

群島地形

聖多美普林西比的所有島嶼均是由火山噴發而形成的。聖多美島呈橢圓形，面積836平方公里，除沿海平原外，大部分為山地；中西部有10多座海拔1,000公尺以上的山峰，峰頂都有火山口，其中聖多美峰海拔2,404公尺，為全國最高峰。普林西比島在聖多美島東北128公里處，島略呈長方形，面積128平方公里，中部山地

的平均海拔都在500公尺以上；沿海多平原，在沉積岩層中已發現褐煤、石油和天然氣等礦藏；島上有近百條短小的溪河，河床深切，水量豐富，有利於水電建設。羅拉斯島靠近聖多美島南端，面積不到10平方公里，赤道線從島上貫穿而過。聖多美普林西比的全境屬於熱帶雨林氣候，東北部沿海平原因處在背風面，降水不多，但相對濕度極大，非常的濕熱，因此常被稱為「熱帶蒸籠」。

農業

它的經濟以農業為主，其中種植園經濟居重要地位。可耕地面積4.8萬公頃，主要種植熱帶經濟作物。其中可可生產最為重要，約占國內

生產總值20%，主要分布在聖多美、普林西比兩大島的東部沿海地帶。在海拔1,000公尺的山區，還種植有少量的金雞納樹。聖多美普林西比的農產品大部分供出口，其中可可占對外貿易總額90%以上。但這裡的農作物種植比較少，種植面積都不大，因此需要從國外進口。

近年來，聖多美普林西比貨幣持續貶值，物價不斷上漲，因此大多數人生活貧困。

加彭

GABON
République Gabonaise

加彭位於非洲中西部，赤道橫穿中部。東、南與剛果共和國為鄰，北與喀麥隆、赤道幾內亞交界，西瀕大西洋，海岸線長800公里。屬典型熱帶雨林氣候，全年高溫多雨，年平均氣溫26℃。15世紀葡萄牙航海者就已經到達此地。18世紀淪為法國殖民地，1958年成為「法蘭西共同體」的自治共和國，1960年8月宣告獨立。

國家檔案

全名	加彭共和國
面積	26.77萬平方公里
首都	自由市
人口	170萬（2016年）
民族	主要有芳族、巴普努族等40多個部族，並有少數俾格米人
語言	官方語言為法語，民族語言有芳語、米耶內語和巴太凱語
貨幣	中非法郎
主要城市	自由市

合理採伐是保證森林資源可再生的必要條件。

綠金之國

加彭在世界上素有「綠金之國」的美稱。它的森林面積有22.75萬平方公里，覆蓋整個國土的85%。盛產多種熱帶名貴樹種，如烏木、桃花心木、奧堪美木等。奧堪美木是一種在非洲雨林中罕見的樹種，在加彭卻有大面積的生長。因此加彭幾乎壟斷世界上奧堪美木的所有市場，其原木及其膠合板在歐洲市場尤其享有盛名。為合理開發森林資源，加彭在西部的過度採伐區打造了奧堪美木的人工林。

自由市

自由市是加彭的首都和對外貿易的主要港口，瀕臨大西洋，氣候濕熱。18世紀，法國殖民者在此安置了被釋放的黑人，並給城市取名為自由市。後來城市漸漸發展，獨立後逐步建設為兼具民族風格和現代化氣息的城市。市中心在海濱以東，工業區設在市區以南，有木材加工、食品、紡織、可可加工和熱帶森林技術中心。港口主要輸出木材、可可、錳、鈾精礦等。自由市的海灘是很好的旅遊與休閒之地。

加彭瀕臨大西洋，漁業資源比較豐富，生活在沿海地區的芳族人主要以捕魚為生。

剛果共和國

CONGO
République du Congo

剛果共和國位於非洲中西部，赤道橫貫中部。東、南兩面分別與剛果民主共和國、安哥拉相鄰，北接中非、喀麥隆，西連加彭，西南臨大西洋，海岸線長150多公里。境內地形複雜，有高原、山地、盆地、平原等地形。南部屬熱帶草原氣候，中部、北部為熱帶雨林氣候，氣溫高、濕度大，年平均氣溫在24℃～28℃之間，各地的年降水量都很豐沛。1884年～1885年在柏林會議上被劃為法國殖民地，1910年成為法屬赤道非洲領地，稱中央剛果。1960年8月獨立，定國名為剛果，為與剛果民主共和國區分，簡稱「剛果」。

剛果的公路總長2萬公里，主要有兩條幹線，其中1號公路從首都布拉薩市向西至黑角，長570公里，與大洋鐵路平行。

國家檔案

全名	剛果共和國
面積	34.20萬平方公里
首都	布拉薩市
人口	485萬（2016年）
民族	有剛果族、姆博希族、太凱族等56個民族，以及少數俾格米人
語言	官方語言為法語，民族語言有剛果語、莫努庫圖巴語、林加拉語等
貨幣	中非法郎
主要城市	布拉薩市、黑角

複雜的地形

剛果地處非洲大陸的中西部、剛果河下游及其支流烏班吉河的西岸，境內地形非常複雜。西北部為山地，因受河流切割，地表破碎，多峰脊、寬谷與峽谷；東北部為剛果盆地的一部分，約占國土面積的一半，地勢西高東低，水網稠密，熱帶雨林廣布，是尚待開發的重要林區；中南部是巴泰凱高原，平均海拔600公尺～800公尺，受河流侵蝕，水土流失嚴重，植被稀少；南部是低山丘陵谷地區，地勢寬廣起伏，森林茂密，水力資源豐富；西南部沿大西洋岸，是長約140公里，南寬北窄的沿海平原，平均海拔不到200公尺，其東緣有一些海拔40～60公尺的陡直坡麓，西緣多沙丘和沼澤，有孤丘、島山散布其間，近海處形成黑角、印度人角、昆達角等岬角。

矮人國

在剛果北方茂密的原始森林中，有一個地方叫康得利，在此處至今仍有一個與世隔絕的原始部落：矮人國。矮人國的部落成員個

矮人國的婦女們不但愛在鼻孔中穿洞，還喜歡在胸膛畫上許多紅白相間的條紋。

個人如其名，平均身高只有1.3～1.4公尺左右。他們全都習慣赤身裸體，只在腰間圍一塊獸皮。婦女的打扮非常奇特，她們喜歡在鼻孔上穿一個洞，在鼻洞中穿一支長長的、打磨光滑的獸骨；有的還把上唇切成豁口，使牙齒能直接露在外面；她們還會把手掌和腳掌都塗成紅色，在前額點上若干白色的小點作裝飾。矮人國嚴禁與外族通婚，女孩到十三四歲就可以成婚，一個女人生二三十胎也不奇怪。矮人國的居民平時以狩獵為生，過著氏族式的原始單純生活。他們對外來者有很大的戒心，但只要來客表達清楚來意後，就會受到非常熱情的接待，族人們會興高采烈地圍住客人，用載歌載舞的方式表達自己對遠方來客的熱烈歡迎。

騎鱷魚比賽

剛果河全長4,640公里，流域面積和流量均為非洲首位、世界第二。剛果人民在大河兩岸繁衍生息，逐漸形成許多特有的風俗，其中最令人驚嘆的就是剛果河的一種賽舟活動，它和其他地方的賽舟不同，這種比賽是以兇猛殘暴著稱的鱷魚為「舟」。因此，參賽者們不僅需要有高超的技藝，還要有足夠的勇氣，參加這種活動被稱為是「男子漢的英雄行為」。比賽通常在各個節日進行，男女老少都會到河邊觀戰，為自己支持的選手吶喊加油。比賽開始的號令一下，選手們立即登上鱷魚的脊背，驅趕著「坐騎」下水，全力游向終點。在驅趕鱷魚的同時，還要自己用槳奮力划水。被騎在身下的鱷魚不甘受制，總是左右擺動，顛簸無常，企圖把選手甩下身去，有時甚至潛入水底想擺脫控制，場面驚心動魄。然而選手們總能鎮定自若，驅趕著鱷魚到達終點。不管勝負如何，所有參賽者都會被當成智慧與勇氣並重的英雄。

首都布拉薩市

布拉薩市是剛果的首都，也是全國最大的城市，位於剛果河下游的右岸。這裡原來只是一個小村落，1934年，剛果–大西洋鐵路通車後，成為水陸運輸樞紐。獨立後，城市發展很快，是全國的經濟中心。主要工業部門有紡織、食品、電力等。布拉薩市是剛果–大西洋鐵路和水運的連接點、剛果河上重要的港口。港口有專業碼頭，以運輸木材為主，來自查德和加彭等國的過境物資都在此經鐵路轉運到黑角港，與剛果民主共和國的首都金夏沙有渡輪相通。市區種植有許多芒果樹、火焰樹等熱帶樹木，四季都有綠樹相伴，是一座美麗的花園城市。

南部稀樹草原是各種野生動物的天堂。黃昏時，大象漫步在夕照下，送走了草原喧鬧的一天。

剛果民主共和國

CONGO KINSHASA

République démocratique du Congo

剛果民主共和國，也稱民主剛果，地處非洲中西部，東鄰烏干達、盧安達、蒲隆地、坦尚尼亞，南接尚比亞、安哥拉，北連蘇丹和中非共和國，西隔剛果河與剛果共和國相望。非洲最大的盆地剛果盆地就坐落於此。海岸線長37公里。北部屬熱帶雨林氣候，南部屬熱帶草原氣候。這裡一度成為比利時國王的「私人采地」，1960年獨立後政權又經歷幾度更迭。農業比較落後，僅占國內生產總值的10%左右，糧食不能自給，但採礦業發達，是國民經濟的主要支柱。

國家檔案

全名	剛果民主共和國
面積	234.49萬平方公里
首都	金夏沙
人口	8,133萬（2016年）
民族	全國有254個部族，較大的有60多個，分屬班圖、蘇丹、俾格公尺3大族系
語言	法語為官方語言，主要民族語言有林加拉語、史瓦希里語等
貨幣	剛果法郎
主要城市	金夏沙、馬塔迪、盧本巴希

剛果河流域擁有非洲最稠密的河網，在剛果民主共和國境內形成一個龐大的向心水系。

木、烏木、檀香木等名貴樹種。盆地邊緣的高原礦藏豐富，金剛石、銅的產量均居世界前列。

剛果盆地

剛果盆地位於非洲中西部，大部分在剛果民主共和國境內。盆地面積337萬平方公里，是非洲最大的盆地。地形四周高中間低，為高原山地所包圍。地勢平坦，平均海拔300公尺～500公尺，由東南向西北傾斜。剛果河及其支流水量豐沛，盆地在低窪地區形成了大片沼澤，是非洲著名的水鄉澤國。盆地內森林廣布，占盆地面積一半以上，生產黑檀

剛果河

剛果河是非洲第二長河，幹流流貫剛果盆地，呈一個大弧形，兩次穿過赤道，向西注入大西洋，全長4,640公里。流域面積376萬平方公里，其中60%在剛果民主共和國境內。由於降水豐沛，剛果河的水量大，河水流速緩，極具航運價值，通航里程近2萬公里。水力資

源極為豐富，估計水力蘊藏量1.32億千瓦，剛果民主共和國的馬塔迪附近的英加大型水電樞紐，是河上最主要的水利工程。

擁有剛果河的大半流域，水力資源也極其豐富，估計蘊藏量1.06億千瓦，占非洲總蘊藏量的40%。

剛果民主共和國的森林覆蓋率為53%，占非洲熱帶森林面積的一半，其中8,000萬公頃可供開採。

伸格米人在剛果民主共和國被稱為「尼格利羅人」，平均身高僅有1.4公尺。

世界原料倉庫

剛果民主共和國地處非洲中心地帶，自然資源非常豐富，素有「世界原料倉庫」的美稱。全國蘊藏多種有色金屬、稀有金屬和非金屬礦。其中銅7,500萬噸、鈷450萬噸、鋅700萬噸、黃金600噸、鑽石1.9億克拉，其他如鉭、鍺等的儲量也相當可觀。其他礦業資源也十分豐富，有石油2,500萬噸、天然氣400億立方公尺、煤6,000萬噸。除此之外，剛果民主共和國有森林約1.25億公頃，國家森林覆蓋率達到53%，占非洲熱帶森林面積的一半。其中有8,000萬公頃可供開採，主要生產烏木、紅木、花梨木、黃漆木等22種貴重木材。由於境內

世界礦都：金夏沙

金夏沙是剛果民主共和國的首都，原名利奧波德維爾，於1966年改名為金夏沙。金夏沙位於剛果河下游南岸，與剛果共和國首都布拉薩市隔河相望，是國內最大的河港，也是撒哈拉以南非洲最大的城市。金夏沙地處剛果盆地西南緣，城市終年高溫多雨。是全國的政治、經濟、文化中心和水陸運輸樞紐，工業規模居國內城市的首位。東北郊的馬盧庫有全國唯一的鋼鐵廠。市區有多處高等學校和研究機構，公園、體育館和考古、地質等博物館規模宏大，寬闊的林蔭大道和大片的高層建築群也極具現代城市風貌。

剛果民主共和國的人口分屬班圖尼格羅和蘇丹尼格羅。班圖血統的剛果人正在森林中用新砍伐的木材製作木鼓。

安哥拉

ANGOLA

República de Angola

安哥拉位於非洲西南部，北鄰剛果共和國和剛果民主共和國，東接尚比亞，南連納米比亞，西瀕大西洋，海岸線長1,650公里。大部分地區屬熱帶草原氣候，南部屬副熱帶氣候。15世紀開始就受到葡萄牙的侵略，19世紀末淪為葡萄牙殖民地，稱「葡屬西非洲」。於1975年11月獲得獨立，定名為安哥拉人民共和國，1992年改國名為安哥拉共和國，獨立後不久便陷入內戰，直到2002年2月和平進程才出現轉機，2002年4月內戰結束。

國 家 檔 案

全名	安哥拉共和國
面積	124.67萬平方公里
首都	魯安達
人口	2,017萬（2016年）
民族	奧溫本杜、姆本杜、巴剛果、隆達等30多個部族
語言	官方語言為葡萄牙語。各民族有自己的民族語言
貨幣	匡撒
主要城市	魯安達、萬博、本格拉

據2001年聯合國人類發展基金會統計，安哥拉68%的人口生活在貧困線以下，全國人均壽命僅有45歲。圖為在內戰中失去父母的孩子，正在醫院中孤獨無助地等待救助。

參差的地形

安哥拉地處南非高原，2/3的國土海拔在1,000公尺以上。中西部的比耶高原海拔1,500公尺～2,000公尺，有「安哥拉屋脊」之稱；西北部為馬蘭熱高原，海拔由1,000多公尺降至500多公尺；東北部為海拔1,000多公尺的隆達高原，高原上諸多河流並向北流，形成剛果河水系的眾多支流；南部為地表較平緩的威拉高原；東部是內陸湖盆，在乾草原上分布著一些孤立的高地；大西洋沿岸為海拔200公尺以下的沿海平原，南部則是納米比亞沙漠的一部分。

「飛地」卡賓達

安哥拉的卡賓達地區位於大西洋岸、剛果共和國和剛果民主共和國之間，是安哥拉本土以外的一個省，由於與本土不相連而被稱為「飛地」。卡賓達東北部為山地，其餘大部分是平原，屬熱帶雨林氣候。物產豐富，主要作物有可可、咖啡和橡膠等，森林茂密，盛產木材。礦藏除有金礦和磷灰石礦外，20世紀60年代中期又發現了近海石油，且儲量豐富，原油產量占到全國的70%左右。卡賓達港為人工港，後擴建為石油專用港，有專用油碼頭的全套管道系統及附屬設備，主要輸出原油和木材。

魯安達是安哥拉的首都，是一座地中海風味濃郁的海濱城市。

馬拉威

MALAWI
Dziko la Malaŵi

馬拉威是非洲東南部內陸國，東北連坦尚尼亞，西鄰尚比亞，東部和南部連莫三比克，三國間有馬拉威湖。國土南北狹長，3/4地區海拔1,000公尺～1,500公尺。大部分地區屬熱帶草原氣候。雨量適中，氣候溫和，年平均氣溫20°C，年均降水量1,000毫米～1,500毫米。16世紀班圖人開始遷居到此，19世紀末淪為英國殖民地，20世紀60年代獨立，成立馬拉威共和國，國內局勢基本穩定。馬拉威是非洲典型的純農業國，主要作物有玉米、高粱、煙草、茶葉、甘蔗等，是非洲最大的煙草生產國之一，首都里朗威是世界著名的煙草市場。但由於基礎薄弱並受自然災害影響，經濟十分困難。

國家檔案

全名	馬拉威共和國
面積	11.9萬平方公里
首都	里朗威
人口	1,857萬（2016年）
民族	絕大多數為奇契瓦族、尼昂加族和堯族等班圖語系黑人種族，少數亞洲人和歐洲人
語言	官方語言為英語和奇契瓦語
貨幣	馬拉威夸加
主要城市	里朗威、布蘭太爾

馬拉威湖湖面狹長，在夕陽的照耀下，與兩岸的山峰、森林巍峨對峙，風光秀麗，吸引眾多的國內外遊客。

馬拉威湖

馬拉威湖是非洲第三大湖，位於馬拉威東北部與坦尚尼亞和莫三比克交界處，約占國土面積的1/4。該湖為東非大裂谷的一部分，由斷層陷落而成。南北長560公里，東西寬32公里～80公里，面積3.1萬平方公里，平均水深273公尺，最大水深706公尺，為非洲第二深湖。湖中有200多種魚類，多數是稀有魚種。除南部外，三面山巒疊嶂，風景秀麗。「馬拉威」在奇契瓦語中為「太陽照在湖面上火焰般閃光」的意思，國名馬拉威即因此湖而得名。

黃魚車

馬拉威交通以陸路為主，境內車輛不多，因為經濟仍處於困境階段，人民生活水準普遍較低，汽車是只屬於有錢人家才能享用的奢侈品。全國公路總長僅2.73萬公里。最方便的交通工具就是所謂的「黃魚車」。「黃魚車」是指順路載客的汽車，如公務車、貨車等。因此在馬拉威的公路上常可見到一輛輛貨車上載滿貨物，而貨物上又坐滿一堆人的景象。

馬拉威的首都里朗威市郊附近，是國內各種農畜產品、手工藝品的集散地，手工藝品市場上各種精緻的小木雕尤其引人注目。

莫三比克

MOZAMBIQUE

República de Moçambique

莫三比克位於非洲東南部，南鄰南非、史瓦濟蘭，西鄰辛巴威、尚比亞、馬拉威，北接坦尚尼亞，東瀕印度洋，海岸線長2630公里。境內高原、山地約占全國面積的3/5，其餘為平原。大部分屬熱帶草原氣候，年平均氣溫20℃。18世紀淪為葡萄牙殖民地，稱「葡屬東非洲」。1975年宣告獨立，成立莫三比克人民共和國，1990年改為莫三比克共和國。獨立後有反政府武裝長期活動。多年內戰、自然災害、以及國際環境影響，都使經濟長期陷入困境，1992年實現和平後經濟得到恢復和發展，並開始呈現快速增長勢頭。

國家檔案

全名	莫三比克共和國
面積	79.94萬平方公里
首都	馬布多
人口	2,593萬（2016年）
民族	馬庫阿-洛姆埃、尚加納、紹納-卡蘭加族等60多個部族
語言	官方語言為葡萄牙語，各大部族有自己的語言
貨幣	梅蒂卡爾
主要城市	馬布多、貝拉、莫三比克城

莫三比克部族中絕大多數屬班圖語系，其中馬庫阿–洛姆埃族人數最多，占總人口40%。他們主要從事農業，並兼事漁業。

腰果之鄉：馬布多

莫三比克是一個農業國，有80%的人口從事農業勞動，有腰果、棉花、甘蔗等六大經濟作物，其中腰果最為著名。腰果果仁香脆美味，果殼可提煉高級工業油，是世界上的重要商品。首都馬布多有全國最大的腰果加工廠。腰果樹的產品在市內比比皆是：商店裡腰果製品琳琅滿目，賓館和家庭裡到處陳設腰果木的家具，很多工藝品以腰果造型為圖案，人們的生活與腰果密不可分，馬布多因此有「腰果之鄉」的美名。

以白為美

在莫三比克流行以白為美的傳統，姑娘們總是想方設法使自己顯得白一些，所以每天都會用香粉擦臉。她們相信借助自然物質中的神力可使自己變得更美麗，因此不像其他國家的姑娘們使用

莫三比克典型的熱帶草原氣候使其動植物資源豐富，克呂松國家公園中的長尾猴和狐猴等猿類非常有名。

化學化妝品，而是使用一種以當地的猴麵包樹製成的白色粉末，這種特殊的美容品在每家都儲藏很多。

留尼旺

非洲

REUNION
La Réunion

留尼旺島為法國的海外領地，又稱波旁島，是位於西南印度洋中的一個火山島。首府為聖但尼，西距馬達加斯加650公里，東北距模里西斯190公里，海岸線長207公里。1946年3月成為法國的一個「海外省」，1981年法國國民議會通過「權力下放法案」，該島成為擁有全權的海外領地，統轄臨近的新胡安島、歐羅巴島、印度礁、格洛里厄斯群島和特羅姆蘭島。留尼旺的省長由法國政府任命，是駐該省的國家代表，起監督作用。

留尼旺有近1/4的人口為信仰印度教和佛教的印度馬拉巴爾人，色彩鮮豔的寺廟充滿了印度教和當地非洲建築文化糅合後的明麗風格。

複雜的自然景觀

留尼旺島呈橢圓形，海岸線平直陡峭，沿海平原寬僅1～3公里，缺乏優良的天然港灣。全島地勢高峻，由沿海向內陸逐漸升高，有連續的丘陵、山地和台地，熔岩分布較廣。島的東北和西南兩側為山地，中間地帶為平原，自然景觀複雜。島的西北到東南有斷層。西側的山地多為火山山地，有一些火山至今仍在活動。中南部的雪峰內日峰是一座死火山，海拔3,069公尺，是全島的最高峰。內日峰和富爾奈斯火山之間是地勢起伏很大的高原，其上分布著3個呈圓形的盆地。高原臨近平原或海濱的地帶多陡峭的懸崖，海濱有珊瑚礁分布。島上有發源於中部山地的河流，最後呈輻射狀入海，帶來了豐富的水力資源。

世界「甜島」

留尼旺島地勢崎嶇，適宜農業種植的土地資源也非常有限，農產品主要是甘蔗、天竺葵和香草等經濟作物，其中甘蔗是留尼旺島最主要的農產品。島上高溫多雨的氣候非常適合甘蔗生長，2004年，留尼旺島有耕地4.8萬公頃，其中甘蔗種植面積達2.55萬公頃。甘蔗和蔗糖出口額占農產品總出口量的一半。島上幾乎到處種植著甘蔗，就像是一座巨大的甘蔗園，留尼旺島因此也被人們稱為「甜島」。

國家檔案

全名	**法屬留尼旺島**
面積	2,512平方公里
首都	聖但尼
人口	84.36萬（2015年）
民族	居民主要是法國人、華人、印度等
語言	官方語言法語
貨幣	歐元
主要城市	聖但尼

富爾奈斯火山1961年的噴發非常激烈，大量的火山灰使得後來的沿海平原上堆積了厚厚的一層沉積砂層。

尚比亞  *ZAMBIA*

尚比亞是非洲中南部的內陸國。東接馬拉威、莫三比克，南接辛巴威、波札那和納米比亞，西鄰安哥拉，北接剛果民主共和國和坦尚尼亞。大部分地區為海拔1,000公尺～1,500公尺的高原，礦產資源豐富，銅蘊藏量占世界總量的6%，有「銅礦之國」之稱。屬熱帶草原氣候，年平均氣溫21℃。19世紀末淪為英國殖民地，1964年宣布獨立，定國名為尚比亞共和國，仍留在大英國協內。經濟結構比較單一，以礦業為主。20世紀90年代後片面的經濟結構有了一些改變，製造業地位上升，農業也有了一定發展，近年來旅遊業也有較大發展。

國家檔案

全名	尚比亞共和國
面積	75.26萬平方公里
首都	路沙卡
人口	1,551萬（2016年）
民族	奔巴族、通加族、恩戈尼族等73個部族，少數歐洲人和亞洲人
語言	官方語言為英語。另有31種部族語言
貨幣	尚比亞夸加
主要城市	路沙卡、恩多拉、卡布韋

贊比西河是非洲第四大河，全長2,660公里。贊比西河沿途形成了許多急流和瀑布，在懸崖上架起的橋梁是其人工奇景之一。

莫西奧圖尼亞瀑布

莫西奧圖尼亞瀑布舊名維多利亞瀑布，是世界最大的瀑布之一，位於贊比西河中游，尚比亞和辛巴威兩國接壤處。由於峽谷上端水面上有4個岩島，使瀑布分為5段，最西一段稱「魔鬼瀑布」，中間的為「主瀑布」，其東為「馬蹄瀑布」，再東為「彩虹瀑布」，最東一段稱為「東瀑布」。5條瀑布飛流直下，好似洪水決口，大河倒懸。河水傾入寬400公尺的深潭，水聲如風吼雷鳴，水霧升騰。晴天時條條彩虹懸在青山綠谷間，宛如仙境。

卡富埃國家公園

尚比亞熱帶稀樹草原是非洲南部野生動物的天堂。政府為保護這些野生動物，建立了野生動物園。卡富埃國家公園是尚比亞最大的野生動物園，這裡氣候溫暖，雨

量充沛，野生動物繁多。這裡的非洲小羚羊白腹黑腿、體態俊美，是一種非常珍稀的動物。此外還有大象、河馬、鬣狗、蟻熊、疣豬、獅子、野豬、犀牛、狒狒、斑馬及其他各種羚羊。卡富埃河在公園內蜿蜒而過，全長240公里，河中盛產梭子魚、鯛魚、銀魚等，可供遊人垂釣。

卡富埃國家公園的旱季雨量稀少、牧草短淺，長頸鹿正悠然漫步在午後的陽光中。

銅的國家

尚比亞銅礦資源非常豐富，銅業開採在尚比亞有著悠久的歷史，現在仍然是國家最重要的工業部門，尚比亞因此被稱為「銅的國家」，而且國內人民對銅有一種近乎崇拜的喜愛之情。國內建築物大多用銅製造，在居民的日常生活中，銅製品更是比比皆是，家中的用具是銅製的，許多

「銅都」路沙卡已經成為一座現代化的都市，不過市內仍然隨處可見身著傳統服裝的尚比亞青年。

精緻的工藝品也是銅製的，就連政府接待外賓時所用的汽車也是銅製的，因為尚比亞人認為用銅製車接待客人是最高的禮遇。因此，每當尚比亞有外賓來臨時，都會出現一排排金光閃閃的銅車列隊迎接賓客的場面。

女孩的成年儀式

在尚比亞的鄉間，至今流傳著為即將成年的女孩舉行成年儀式的傳統。女孩進入青春期後，就會在幾位成年婦女的陪同下，進入森林深處的小屋中暫住2週～10個月，此期間就由陪同的婦女為其講解部落傳統，並指導她將來為人妻母所應當做的事情，如做飯、田間勞作、釀酒等。期滿後，便到河邊洗浴，稱為淨化儀式。然後便用彩色的黏土塗滿全身，被包在毯子裡送回村中。屆

時全村人都會到場祝賀，女孩的父親就在眾人的歡呼聲中打開毯子，從裡面出來的女孩就算正式成年了。

📖 Travel Smart

尚比亞的得名

尚比亞因贊比西河而得名，是非洲土語，意為「大河」。該河是非洲第四大河，它發源於安哥拉中東部的高地，流經尚比亞西部和南部地區，先向南流，後轉向東南，再向東形成曲流，長2,660公里，流域面積達133萬平方公里，最大流量每秒2萬立方公尺～2.2萬立方公尺，最後注入莫三比克海峽。1958年，卡翁達等一批民族主義者為表示從殖民主義者手中奪回江山的決心，將「贊比西」一詞的詞尾去掉，改為「尚比亞」，以此命名他們的黨，獨立後又成為國名。

辛巴威  *ZIMBABWE*

辛巴威是非洲東南部的內陸國家，東鄰莫三比克，南接南非，西和西北分別與波札那和尚比亞相連。位於卡拉哈迪沙漠和非洲台地邊緣處，年平均溫度約22℃，10月的溫度最高達32℃；7月溫度最低為13℃～17℃。19世紀末期淪為英國殖民地，被稱為「羅德西亞」，1980年4月獨立，定國名為辛巴威共和國，仍留在大英國協內。辛巴威自然資源豐富，工農業基礎良好，獨立後經濟發展較快，經濟發展水準在非洲僅次於南非，正常年景糧食自給有餘，是非洲少數幾個糧食出口國之一，也是世界主要煙葉生產國和出口國之一，首都哈拉雷有世界「煙城」之稱。

國家檔案

全名	辛巴威共和國
面積	39.06萬平方公里
首都	哈拉雷
人口	1,454萬（2016年）
民族	主要有紹納族、恩德貝萊族等班圖尼格羅人種，少數歐洲人和亞洲人
語言	官方語言為英語、紹納語和恩德貝萊語
貨幣	美元及其他大國和鄰國貨幣
主要城市	哈拉雷、布拉瓦約、馬斯溫戈

大辛巴威遺址位於辛巴威的馬斯溫戈省，距首都哈拉雷250公里，它的存在證明了非洲曾經有過高度發達的黑人文明。

豐富的動植物資源

辛巴威全境處於南迴歸線以北，具有氣溫年較差小的特點，氣溫隨高度不同而異。這裡孕育出了豐富的動植物資源。辛巴威的植被以稀樹草原和灌木叢草原分布最廣，是熱帶非洲植被特點最好的體現。高原台地上叢林居多；沿贊比西河兩岸有壯觀的河岸林帶分布；而面向卡拉哈里沙漠的一側，乾旱少雨，多為洋槐、木棉等植物。辛巴威野生動物種類繁多，著名的萬蓋國家公園充分體現了這一特色。那裡大片森林為眾多野生動物提供了生存棲息的環境，生活著如長頸鹿、黑犀牛、鱷魚、黑長尾猴、狒狒等各種野生動物。

有「黑金子」之稱的黑犀牛非常珍奇，被辛巴威視為國寶。

近有多種礦藏，城市發展條件良好。原為英國殖民者修建的城堡，隨著周圍煙葉、養牛業的發展，金、鉻礦的開發，逐漸成為全國的經濟中心。現在的哈拉雷已經是一座充滿現代氣息的大城市，是世界最大的煙葉集散市場之一，因而有「煙城」之稱。市內街道錯落有致，乳白色的建築掩映在綠樹叢中，博得了「花園城市」的美稱。

辛巴威境內河流較多，大多發源於高原區，其中流向北的贊比西河是辛巴威與尚比亞的分界線，水量比較豐沛，水力資源豐富。

大辛巴威遺址

辛巴威在班圖語中意為「石頭城」，境內已發現200多處「石頭城」遺址，其中「大辛巴威遺址」最為著名。遺址由大圍場、「衛城」和中間谷地組成。「衛城」是指早期建在山頂、有些類似堡壘的建築，也稱為「山地要塞」。大圍場呈橢圓形，人們也稱之為廟宇或王城。圍牆分內外兩層，內牆與外牆之間有呈橢圓形的石塔，為實心建築，考古學家和尋寶人都曾試圖探尋過石塔的入口，卻一個也沒有找到。許多人都在猜測這座石塔的用途，卻都不得要領。在大圍場和「衛城」之間是面積很大的谷地，為平民生活區的各類建築遺址，有梯田、水渠等遺址。整個建築全部用花崗岩石板以精巧的技術砌成，砌牆時除了使用混有石子的黏土泥外，還使用灰泥，「大辛巴威遺址」是撒哈拉以南非洲規模最大、工藝水準最高、保存最完整的石頭城建築。

花園城市哈拉雷

哈拉雷是辛巴威的首都，也是全國政治、經濟、文化中心。位於國境東北部的高原上，全年溫暖如春，周圍是國內最富庶的農業區，附

辛巴威耕地面積為3,328萬公頃，農業人口占全國人口的67%。主要糧食作物有玉米和豆類等。

坐落在首都哈拉雷鬧市區的國家貿易中心大廈。

91

葛摩聯盟

COMOROS

الِاتَّحاد القمريّ

葛摩聯盟是印度洋上的島國，位於非洲東側莫三比克海峽北端入口處，東、西距馬達加斯加和莫三比克各500公里。屬於熱帶海洋性氣候，年平均氣溫23℃～28℃。1912年葛摩聯盟4島淪為法國殖民地，1975年獨立，成立共和國。1978年改國名為葛摩伊斯蘭聯邦共和國。1997年昂德昂島宣布獨立。2001年科政府、反對黨、昂德昂島當局等9方簽署《葛摩和解框架協議》，各方同意成立葛摩聯盟，以給予4島高度自治的方式解決分裂問題。

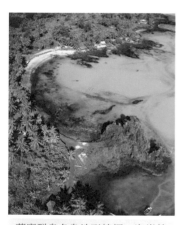

葛摩群島各島地形崎嶇，海岸線曲折，被周圍的珊瑚礁環繞，景色宜人。

匯收入的主要來源。「伊蘭－伊蘭花」也叫龍爪花，修剪後的枝幹一般高2公尺左右，開花為黃色，氣味類似玉蘭。葛摩聯盟伊蘭——伊蘭花油的年產量達60噸，大部分銷往歐美。法國的不少香水就加有伊蘭－伊蘭花油，而這種花油的70%以上都是從葛摩聯盟進口的。葛摩聯盟可說是世界上主要的香料出口國之一，因此總是被冠以「香料之國」、「高級香料基地」等美稱。

山，多數為熄火山。大葛摩島屬熱帶海洋氣候，雨量充沛，卡爾塔拉山西側迎風坡年降水量達5,400毫米以上，是西印度洋降水最豐沛的地方，但島上卻沒有河流甚至小溪。原來，大葛摩島上的土壤都是由火山熔岩風化後形成的，滲水能力非常強，水不能在地面留存，所以無法形成河流。

香料群島

葛摩聯盟氣候炎熱潮濕，非常適合熱帶植物的生長，因此島上多種植各種經濟作物，最主要的是香草、丁香、檸檬草等香料作物。其中伊蘭－伊蘭花、丁香、香子蘭等的出口是葛摩聯盟外

大葛摩島

大葛摩島是葛摩群島中最大的一個，位於莫三比克海峽北口，葛摩的首都莫洛尼就坐落於此。島南部的卡爾塔拉山是全國最高峰，海拔2,560公尺。葛摩聯盟多火

葛摩聯盟的漁業資源豐富，主要魚種為金槍魚、紅魚和青魚。

非洲 模里西斯 *MAURITIUS*

模里西斯是印度洋上的島國，包括模里西斯本島及羅德里格斯島等6個島。位於印度洋西南部，西距馬達加斯加約800公里，西南距留尼旺160公里，海岸線長217公里。屬熱帶海洋性氣候，低地濕熱，高地涼爽多雨。1814年淪為英國殖民地，1968年宣布獨立，實行君主立憲制，奉英國女王為國家元首。1992年改行共和制。獨立以來歷代政府均保持政局長期穩定。經濟結構以糖業、出口加工業和旅遊業為三大支柱，經濟至今保持良好的發展勢頭。

龐普勒穆斯島上的植物園是模里西斯最古老的植物園，建於1769年，生長著許多珍貴的熱帶植物，其中最有特色的就是一池古睡蓮，蓮葉碧如翡翠，大如磨盤，是園內最美的一道風景。

路易士港

模里西斯的首都路易士港，位於模里西斯島西北部的海濱地帶，是西印度洋上的重要航站。市區向東北、西南呈長方形分布。現在是西南印度洋重要的海底電纜站和國際航線加油站。路易士港氣候溫和，花草四季常新。市內有阿拉伯式清真寺，也有洋溢著濃厚東方色彩的中國式建築，還有各種現代化的高樓大廈，與市內處處可見的鮮花綠蔭相互掩映，別有一番清新優美的熱帶海洋城市風光。

「洗禮」習俗

模里西斯的塔莫伊斯人是印度人的後裔，他們每年都要舉行3次「洗禮」，通常在印度教廟宇前進行，受禮者要先將一枚鋒利的針橫穿自己的嘴唇，再用另一枚針在嘴上豎穿而過。接著受禮者的親友們便在其全身各處紮上幾十枚甚至幾百枚、上千枚長針。然後受禮者要帶著滿身的針走過燒紅的炭渣小道，不論怎樣痛苦都必須堅持走完。洗禮結束後，受禮人會邀請親友或遊客到家中用餐，以慶祝自己已經成為一名受得起考驗的強者。

馬達加斯加

MADAGASCAR
Repoblikan'i Madagasikara

馬達加斯加是一個位於印度洋上的島國，為世界第四大島，位於印度洋西南部，隔莫三比克海峽與非洲大陸相望，海岸線長5,000公里。東南沿海屬熱帶雨林氣候，終年濕熱；中部為熱帶高原氣候，溫和涼爽；西部為熱帶草原氣候，乾旱少雨。1896年淪為法國殖民地，1960年6月宣布獨立，成立馬爾加什共和國，亦稱第一共和國；1975年改國名為馬達加斯加民主共和國，為第二共和國；1992年又更國名為馬達加斯加共和國，為第三共和國。

國家檔案

全名	馬達加斯加共和國
面積	62.7萬平方公里
首都	安塔那那利弗
人口	2,443萬（2016年）
民族	有伊麥利那、貝希米裟拉卡、貝希略等18個部族，以及少數葛摩人、印度人、巴基斯坦人和法國人，另有華僑和華裔約1.5萬人
語言	官方語言為法語，民族語言為馬達加斯加語
貨幣	馬達加斯加阿里亞里
主要城市	安塔那那利弗、圖阿馬西納、馬哈贊加

馬達加斯加的由來

馬達加斯加是一座巨大的島嶼，全島面積62.7萬平方公里，僅次於格陵蘭島、紐幾內亞島和加里曼丹島，為世界第四大島。關於它的命名，歷史上還有過很多次變更。早在10世紀時，阿拉伯人就已經發現了這裡，他們驚奇於島上獨特的自然環境和各種各樣的奇異動植物，給這座神奇的海島留下「野豬島」、「月亮島」等很多名稱。到了16世紀，葡萄牙航海家迪亞斯來到這裡，那一天正巧是8月10日，即歐洲人的聖勞倫斯節，於是該島被命名為「聖勞倫斯島」。迪亞斯回到葡萄牙後向國王報告了發現這座島的經過，但國王卻錯誤地以為這就是《馬可·波羅遊記》裡提到

過的摩加迪休王國，後來又由於「摩加迪休」的讀音流傳有誤，於是變成了最後的「馬達加斯加」，這個名稱一直沿用到了今天。

藍色森林：安塔那那利弗

安塔那那利弗是馬達加斯加的首都，位於中央高原東部的安塔那那利弗盆地中，整個城市坐落在小山丘上，最高處海拔1,431公尺。因此雖然處在低緯度地區，較高的地勢卻為安塔那那利弗帶來了涼爽宜人的氣候。這裡歷史上曾被稱為「阿納拉芒戛」，意思是「藍色的森林」。這裡是全國最大的城市，也是國家政治、經濟、文化的中心。

猴麵包樹是馬達加斯加的特色之一，樹幹滾圓粗大，木質多空，呈海綿狀，因此裡面可以貯藏大量的水分，就像一個不會枯竭的大蓄水箱。由於它的果實深受猴子們的喜愛，被人們形象地稱為「猴麵包樹」。

納米比亞

NAMIBIA
Repiblik Sesel

納米比亞原稱西南非洲，北鄰安哥拉、尚比亞，東、南鄰波札那和南非，西瀕大西洋。海岸線長1,600公里，全境大部分地區海拔1,000公尺～1,600公尺。西部沿海和東部內陸地區為沙漠，北部為平原。大部分屬熱帶和副熱帶乾旱、半乾旱氣候，燥熱少雨，年平均氣溫18℃～22℃。第一次世界大戰後國聯委託南非統治西南非洲，1968年聯合國大會根據西南非洲人民的意願將其國名改為納米比亞，1990年3月納米比亞宣布獨立。

國家檔案

全名	納米比亞共和國
面積	82.43萬平方公里
首都	溫荷克
人口	243萬（2016年）
民族	88%為黑人，有奧萬博族、卡萬戈族、茨瓦納族等，白人和有色人種約占總人口的12%
語言	官方語言為英語，通用南非荷蘭語、德語和廣雅語、納馬語及赫雷羅語
貨幣	納米比亞元
主要城市	溫荷克、呂德里茨、楚梅布

首都溫荷克位於國土中部的高原上，由於有周圍的丘陵阻擋熱浪侵襲，氣候涼爽，有「春秋之城」的美稱。

埃托沙鹽沼

埃托沙鹽沼位於納米比亞北部，是非洲最大的鹽沼。1851年，歐洲人首先發現了這裡，後來在這裡建成了埃托沙狩獵區公園，該公園一度成為當時世界上最大的自然狩獵區，面積幾乎相當於冰島的大小。1967年狩獵區騰出土地供當地部落建立家園，面積縮小了的狩獵區就是現在的埃托沙國家公園，是世界上大型動物最多的公園之一，鹽沼就位於公園的中心。

骷髏海岸

在納米布沙漠和大西洋水域之間，有一片白色的沙漠，葡萄牙海員把納米比亞這條綿延的海岸線稱為「骷髏海岸」。這裡幾乎沒有降水，沿岸有交錯的水流、8級大風、令人毛骨悚然的霧海和參差不齊的暗礁，來往的船隻經常在此失事。在海岸沙丘的南部，連綿的山脈是河流的發源地，這些河流還未流到大海就已經乾涸。科學家稱這些乾涸的河床為「狹長的綠洲」。這些「綠洲」中暗藏地下水，滋養了

為數不多的動植物，耐旱的千歲蘭、沙丘中的小甲蟲及蝮蛇等一些較大的動物，都在這片人跡罕至的海岸上頑強地生活著。

埃托沙鹽沼面積4,800平方公里，當地的奧萬博人稱它為「幻影之湖」和「乾涸之地」。

塞席爾

SEYCHELLES

Repiblik Sesel

塞席爾是一個位於印度洋西南部的群島國家，由115個島嶼組成。塞席爾群島地處歐、亞、非三大洲的中心地帶，是亞、非兩大洲的交通要衝。西距肯亞1,593公里，西南距馬達加斯加925公里，南與模里西斯隔海相望。屬熱帶雨林氣候，終年高溫多雨。16世紀葡萄牙人曾到此地，為這裡取名「七姊妹島」。1756年被法國占領，並以「塞席爾」命名，1814年淪為英國殖民地，1976年宣告獨立，成立共和國，仍留在大英國協內。1977年總理勒內發動政變，成為總統，現任總統為蜜雪兒。塞席爾經濟以旅遊業和漁業為主，工農業基礎薄弱，糧食和日用品主要依賴進口。勒內執政以來，致力於民族和睦和政治穩定，經濟發展良好，被世界銀行列為中等收入的發展中國家。

馬埃島

馬埃島是塞席爾群島中最大的島嶼，面積148平方公里，首都維多利亞港也坐落於此。馬埃島是一座花崗岩島，地勢起伏較大，有許多高山和濃密的叢林植物。其中塞席爾峰海拔915公尺，是塞席爾的最高峰。受印度洋季風影響，屬熱帶海洋氣候，降水量隨地勢增高而增加。島上河流短少，地表徑流急流入海，蓄水較困難。這裡雖然缺少河流，但熱帶森林繁茂，海濱浴場也非常著名，海灘寬闊而平坦，水清沙白，是進行海水浴、日光浴、風浴和沙浴的理想地方。.

國家檔案

全名	**塞席爾共和國**
面積	陸地面積455.39平方公里，領海面積40萬平方公里，專屬海洋經濟區面積100萬平方公里
首都	維多利亞港
人口	9.3萬人（2016年）
民族	居民主要為班圖人、克里奧爾人、印巴人後裔、華裔和法裔等
語言	克里奧爾語為國語，通用英語和法語
貨幣	塞席爾盧比
主要城市	維多利亞港

唯一的城市：維多利亞港

塞席爾的首都維多利亞港坐落在馬埃島的東北，是以英國維多利亞女王的名字命名的，是全國最大的城市，

也是全國唯一的城市。維多利亞港是一個優良的海港，港口被一列小島和礁岩所環繞，港內可同時停泊4艘大型船艦，是國際海運的重要停泊港和中繼站，有航線通英國、新加坡、肯亞、印度等地；海底電纜聯繫桑吉巴、亞丁、可倫坡等地。維多利亞港城市面積不大，城區的建築大多樓層不高，但樣式別緻美觀，再加上隨處可見的各種珍奇熱帶植物，如海椰樹、鳳尾狀蘭花、瓶子草以及罕見的海蜇草等，使這裡充滿一派明媚的海島風光，被人們神往地稱為「世外桃源」。維多利亞港的街道整潔，道路兩邊都是兩層小樓，偶爾才出現幾座七八層的高樓。

隨著旅遊事業的發展，塞席爾非常注重為遊客提供滿意的食宿，在這裡可以品嘗到當地極富熱帶特色的美食。

鳥類世界：德斯納夫島

德斯納夫島位於首都維多利亞港西北約100公里的海上，長期以來一直是各種鳥類棲息雲集的地方。這裡至今仍最大限度地保持著原始的自然狀態，每年3月～5月間，都有100多萬對燕鷗飛臨島上棲息。鳥群在島上覓食、產卵、孵蛋、育雛。據說，一隻雌性燕鷗每年在島上可以生2個～3個蛋，全島一年的鳥蛋數則會達到500多萬個。燕鷗的蛋味道鮮美、營養豐富。每逢燕鷗產蛋的時節，島上居民便以拾蛋為生。現在，燕鷗蛋已成為國家一項重要的出口物資，這裡因此也被稱為「燕蛋島」。除了數量最多的黑燕鷗外，島上還有許多珍稀的鳥類，如黑色的鸚鵡、太陽鳥、藍鴿子等，使這裡成為一個名副其實的「鳥類世界」。

海龜王國：阿爾達布拉島

阿爾達布拉島位於首都維多利亞西南約1,090公里的地方，4個大珊瑚礁島環繞著一個淺水湖，湖中又有幾個小島，而4個大島外又被另一組珊瑚礁包圍著，處於與外界基本隔絕的狀態，沒有受到過人類活動的干擾，因而保存了完好的自然生態環境。阿爾達布拉島地形呈外實內空的特點，地勢高低不平，存在多種形式的自然環境，使島上擁有非常豐富的動植物資源，其中最著名的是一種巨龜。

這裡生活著大約15萬隻大陸巨龜，這些大龜大多身長2公尺以上，體重超過200千克，因為身型巨大，也被稱為「象龜」。此外，島上還有一種罕見的綠色海龜，這種龜的龜肉營養豐富、龜皮是上等的製革材料、龜殼可以做成別緻的工藝品，具有很高的經濟價值。阿爾達布拉島因此成為人們所津津樂道的「海龜王國」。

體型巨大的「象龜」最長壽命可達300年。

漁業是塞席爾經濟的支柱。

波札那  *BOTSWANA*

Lefatshe la Botswana

波札那是非洲南部的內陸國家，東接辛巴威，西連納米比亞，北鄰尚比亞，南界南非。國土平均海拔1,000公尺左右，大部分地區屬熱帶草原氣候，西部為沙漠、半沙漠氣候。年平均氣溫21℃，年均降水量400毫米。波札那獨立前稱貝專納，1885年淪為英國殖民地，稱「貝專納保護地」，1966年9月獨立，定名為波札那共和國，仍留在大英國協內。

首都嘉伯隆里

波札那的首都嘉伯隆里位於波札那國土東南邊境，林波波河上游的高地上，面積71平方公里，原是開普敦－布拉瓦約國際鐵路線上的一個小鎮，為當地部族酋長的駐地。1964年擴建，並以當地曾經率領人民英勇抗擊南非殖民者的部族酋長嘉伯隆里的名字命名，1965年擴建新城後，行政機關便從南非境內的馬弗京遷入該城。1966年波札那獨立後，成為國家的政治中心，也是國內牲畜、羊毛、皮革的重要集散地。鐵路、公路連通著國內的主要城鎮和南非、辛巴威，並設有國際航空港。市區呈扇形向北、東、西3面伸展，市內有波札那－賴索托－史瓦濟蘭聯合大學分部和國立博物館、藝術館等。

卡拉哈迪沙漠

波札那大部分國土為卡拉哈迪沙漠。卡拉哈迪沙漠也稱卡拉哈迪盆地，是非洲南部內陸的乾燥區。北起贊比西河上游，南界奧蘭治河，東接南非共和國東北部和辛巴威高原，西到納米比亞高地，面積約63萬平方公里，主要在波札那和納米比亞境內。

波札那地質上是非洲古陸南部的凹陷部分，受氣候影響，國土大部分地區屬於乾熱帶莽原，素有「草莽之國」稱號。

賴索托  *LESOTHO*

Mmuso wa Lesotho

賴索托是非洲南部的內陸國家，它的位置比較特別，是一個位於南非共和國境內的國中之國，四周為南非所環抱。地處南非高原的東緣，山地面積占國土的2/3。屬副熱帶大陸性氣候，年最高氣溫33℃，最低氣溫零下7℃，分雨季和旱季兩個季節。賴索托獨立前稱巴蘇陀蘭，1868年淪為英國殖民地，1966年10月宣布獨立，定國名為賴索托王國。

國家檔案

全名	賴索托王國
面積	3.03萬平方公里
首都	馬賽魯
人口	195萬（2016年）
民族	絕大多數為班圖語系的巴蘇陀人和祖魯人
語言	通用英語和塞蘇陀語
貨幣	賴索托洛蒂
主要城市	馬賽魯

西部山區為富含玄武岩風化物的土壤，比較肥沃，是賴索托人口和耕地最密集的地區。

獨特的國服

與其他大多數國家不同，賴索托的居民每個人都有一身日常穿的「國服」。它其實搭配十分簡單，即一頂巴蘇陀草帽和一件披毯。巴蘇陀草帽被稱為「國帽」。相傳19世紀初，巴蘇陀的酋長莫舒舒一世曾戴著這種草帽馳騁疆場，統一了整個民族。後來，無論男女都喜歡戴上一頂。另一件是一種色彩鮮豔的披毯。據說，由於賴索托晝夜溫差懸殊，人們習慣於準備一條毛毯，晚上當被子蓋，白天當衣服穿，形成了今天樣式獨特、色彩明麗的披毯。

空中王國

賴索托位於南非高原東部，全境面積的2/3左右處在海拔1,400公尺～3,600公尺的高地上，地勢由東北向西南傾斜。有德拉肯斯山脈通過其東部邊界，多海拔3,000公尺以上的高峰，其中塔巴納恩特萊尼亞納山海拔3,482公尺，是全境的最高峰。中部有馬婁蒂山脈貫穿南北，與德拉肯斯山脈交匯處海拔2,700公尺～3,200公尺。高山區由西南逐漸過渡到丘陵區，平均海拔1,500公尺～2,200公尺，與南非接壤，這裡土地肥沃，但土層較薄，水土流失嚴重。賴索托可以說是世界上地勢最高的國家之一，素有「非洲瑞士」、「空中王國」等美稱。

巴蘇陀人是生活在賴索托西部地區的主要部族，他們在高地上用當地的石頭壘砌的圓形小屋非常具有代表性。

聖赫勒拿 *SAINT HELENA*

聖赫勒拿是英國的屬地，位於南大西洋上，距非洲大陸西南海岸1,930公里。氣候溫和，面積122平方公里，人口僅5,661餘人（2008年），首府為詹姆士敦。居民絕大多數為聖赫勒拿人，通用英語。1834年淪為英國的直屬殖民地。

聖赫勒拿島是一個火山島，島上崎嶇多山，最高點戴安娜峰海拔823公尺。

清醒島：阿森松

阿森松島又名「清醒島」，是聖赫勒拿的屬島之一。阿森松島東距聖赫勒拿島1,131公里，面積88平方公里。島上居住著英國和美國的軍事人員、聖赫勒拿的行政人員等，沒有當地居民。阿森松島是一個小火山岩島，島上崎嶇多山，岩石裸露，最高點皮克峰海拔859公尺。盛行東南信風，植物稀少，以盛產「綠色海龜」而著稱。

葡萄牙人在1508年的「基督升天節」那一天發現了該島，遂以這個節日的名字為小島命名，「阿森松」即這個名字的音譯。

特里斯坦－達庫尼亞群島

特里斯坦－達庫尼亞群島是聖赫勒拿島的另一個主要屬島，位於聖赫勒拿島以南2,300公里處，東距南非的開普敦2,800公里，由特里斯坦－達庫尼亞島、戈夫島、英納塞西布和奈丁格爾群島等島嶼組成，總面積202平方公里，海拔2,060公尺的瑪麗女王峰是主島最高點。1506年葡萄牙人特里斯坦·達庫尼亞最初到達了這裡，主島便以他的名字命名。1815年群島被英國占領，1938年被劃為聖赫勒拿島的屬島。1961年火山爆發後居民撤離，現在島上的人口約300人。漁業稅、郵票及手工藝品收入是這裡的主要收入來源，小龍蝦捕撈為主要行業，來自南非的捕龍蝦船每年都要到達這裡6次。

史瓦濟蘭  *SWAZILAND*

史瓦濟蘭是非洲東南部的一個內陸小國，北、西、南3面為南非所環抱，東與莫三比克毗鄰。屬副熱帶氣候，年平均氣溫西部為16℃，東部為22.2℃。15世紀後期，史瓦濟蘭人由中非和東非逐漸向南遷移，16世紀到達了現在的地方定居下來，並建立起王國。1907年淪為英國的殖民地，1968年9月宣布獨立，定國名為史瓦濟蘭王國。

傳統的「印克瓦拉」新年慶典活動中的史瓦濟蘭人。「印克瓦拉」是史瓦濟蘭人一年一度慶祝新年來臨及向國王表達敬意的活動。

階梯狀的地形

史瓦濟蘭地處南非高原的東南邊緣，地勢自西向東逐級降低，形成了高、中、低3個高原面。西部高原是德拉肯斯陡崖的一部分，海拔1,050公尺～1,200公尺，植被以矮小粗糙的草類為主，土地貧瘠，不適宜進行農耕，卻是冬季放牧綿羊的理想牧場，有豐富的石棉、鐵、錫和金等礦產資源；中部草原是呈波狀起伏的丘陵，海拔550公尺～600公尺，植被以高草和灌叢稀樹草原為主，可以放牧牛群；東部的低草原海拔150公尺～300公尺，地勢平坦，略有起伏，植被為闊葉稀樹草原和灌叢草原，利於放牧，有豐富的煤礦資源；東部邊界有盧邦博山脈，海拔450公尺～825公尺，自然景觀與中部草原相似。境內河網密集，主要河流有因科馬蒂河和烏蘇圖河，都是兼有灌溉和發電之利的河流。

工業

史瓦濟蘭的工業以製糖、紙漿和農畜產品加工為主。製糖業主要分布在馬爾肯斯和姆赫盧梅灌區；紙漿生產主要分布在布尼亞；釀酒、軋棉和屠宰等主要分布在馬特薩普。史瓦濟蘭的採礦業是第二次世界大戰後發展起來的新興部門，大部分受南非、英國和美國的壟斷資本控制，主要開採石棉、煤和鐵。石棉占礦產品出口的70%以上，主要分布在哈夫洛克；鐵礦石主要產於恩格瓦尼，產品幾乎全部輸往日本；煤產於姆帕卡，主要供國內需要，一部分也輸往莫三比克和肯亞。1999年史瓦濟蘭的工業產值占國內生產總值的36.9%，是國民經濟中所占比重最大的產業。

南非  SOUTH AFRICA

南非是位於非洲大陸最南部的國家，北鄰納米比亞、波札那、辛巴威、莫三比克和史瓦濟蘭，東、南、西三面為印度洋和大西洋所環抱，因地處大陸的南部而得名。這裡是非洲大陸的最南端，好望角是這裡最顯著的標誌。南非是世界上產黃金最多的國家，也是非洲經濟最發達的國家。當地人曾稱它為阿紫尼亞，意思是「黑人的土地」。

1488年葡萄牙航海家迪亞士發現了這個岬角，新航線帶來的美好希望，使葡萄牙國王將此地改稱為「好望角」。

🌏 自然地理

南非位於非洲大陸的最南端，當年迪亞士就是從這裡到達了富饒的東方。南非三面被大西洋和印度洋所環抱，海岸線長達3,000公里。全境大部分為海拔600公尺以上的高原。德拉肯斯山脈綿互東南，奧蘭治和林波波河為兩大主要河流。大部分地區屬於熱帶草原氣候，東南沿海為熱帶季風氣候，南部沿海為地中海氣候，夏季最高溫度38℃，冬季最低溫度零下12℃。平頂的桌山，飛濺的圖蓋拉瀑布，色彩斑斕的布萊德河峽谷，都是這裡有名的自然奇觀。

德拉肯斯山脈

德拉肯斯山脈是非洲南部的主要山脈、南非高原大斷崖的組成部分，從南非東部南迴歸線附近起，延伸到南非的東南部，長約1,200公里。北段地勢較低；南段山勢峻峭，海拔多在1,000公尺～1,200公尺，中部海拔3,000公尺左右，最高峰為賴索托境內的塔巴納恩特萊尼亞納山，海拔3,482公尺。東坡陡峻破碎，低處多為農田，是甘蔗、鳳梨的重要產區。

國家檔案

全名	南非共和國
面積	121.91萬平方公里
首都	普里托利亞為行政首都，開普敦為立法首都，布隆泉為司法首都
人口	5,430萬（2016年）
民族	分黑人、白人、有色人種和亞洲人種四大種族
語言	有11種官方語言，英語和南非荷蘭語為通用語言
貨幣	鍰
主要城市	約翰尼斯堡、普里托利亞、開普敦、德爾班

南非的班圖各族和科伊桑人大多保持著傳統的原始宗教信仰，許多地區建築還保留著明顯的原始色彩。

好望角

好望角位於非洲大陸西南端，是一處險要的石質岬角。在蘇伊士運河通航前的300多年裡，好望角成為歐、亞間航船的必經之地，好望角的航線被西方國家稱為「海上生命線」，今天仍是世界交通和戰略的要地。

🏛 歷史文化

在歐洲的殖民者們到來之前，南非最早的土著居民是桑人、科伊人及後來南遷的班圖人。好望角航線的開闢帶來了開化的文明，也帶來了野蠻的侵略。於1961年獨立的南非，仍是一個政權掌握在白人種族主義者手中的國家，直到20世紀90年代，這裡才迎來了真正不分種族的平等。在這個幾乎集合了全世界各種膚色人種的國度裡，複雜的種族構成，多樣的宗教信仰，各異的風土人情，構成了這個傳奇式的國家多彩的畫卷。

種族歧視與種族隔離

從歐洲殖民者進入南非建立殖民據點，直到新南非建立前，白人統治當局一直在國內推行種族歧視和種族隔離政策，黑人和其他有色人種在各方面都備受歧視和限制。為了反抗這種不合理的狀況，南非人民進行了長期的鬥爭。南非非洲人國民大會（簡稱「非國大」）等宣導種族平等、人民掌握政權的組織相繼成立，帶領人民進行各種大規模反對種族主義的活動。鬥爭中的南非人民得到了國際社會的廣泛同情和支持，但南非當局仍堅持推行種族隔離政策，對人民的鬥爭採取了或鎮壓或欺騙的軟硬兼施的策略，南非人民不為所動，終於為自己爭得了應有的權利。1994年新南非誕生，宣告了種族隔離政策的終結。在這個擁有500萬白人的國家裡，首次由黑人當上了國家的主人。

祖魯人至今仍然保留較原始的生活方式，裸露身體、赤足行走。

103

開普敦的市區沿海濱分布，市中心區和港區位於桌灣南岸，住宅區位於西北部海濱，自市中心向法爾斯灣延伸。

重女輕男的祖魯人

南非是個種族成分複雜的國家，當地土著的居民，包括祖魯、茨瓦納等部族，都有各不相同的傳統風俗和生活習慣，尤其是祖魯人。

在祖魯部落，酋長是最高領導，男人負責狩獵，女人負責採集野果、植物和捕捉昆蟲，大家共同維持部族生活。祖魯人在生活間歇和部族活動時，都愛跳起傳統民族舞蹈。最有趣的是，祖魯人重女輕男，婦女如果生下男孩，就會降低在家庭中的地位。

🏙 城市和地區

南非基礎設施良好，資源豐富，經濟開放程度較高，是非洲經濟最發達的國家，也是世界最大的黃金生產和出口國。礦業、製造業和農業是其經濟的三大支柱。近年來，南非經濟基本保持低速增長中，宏觀經濟保持穩定。這裡是非洲最繁華、最現代化的國家之一，約翰尼斯堡、開普敦、德爾班等大城市流光溢彩，不同種族、不同膚色的人們彙集在此，平等、友好、和諧的氛圍為全世界困擾於民族問題的人們預先展示出了一個終將到來的美好前景。

第一大城市約翰尼斯堡

約翰尼斯堡是南非最大的城市和經濟中心，位於南非北部威斯沃特斯蘭德高地中段的南坡，因為處在世界最大的採金地帶上而有了「黃金之城」的美譽。這裡於1886年發現金礦後，各國採金者接踵而至，於是在採礦宿營地上逐漸出現了居民點。隨著金礦的擴大開採，迅速發展成為世界著名的礦

南非的海濱旅館就建在海邊的沙灘上，一間間小木屋都漆成了各種明麗的顏色。

行政首都：普里托利亞

普里托利亞是南非的行政首都，也是南非最大的文化中心，有1873年創立的南非大學、普里托利亞大學、工學院、師範學院等多所高等學校，還有南非最大的研究機構科學與工業研究院，以及燃料、林業等研究所。市內多博物館、紀念館和紀念碑、塑像等，還有天文台、國家動物園和3處市立自然保護區。普里托利亞市區跨林波波河支流——阿皮斯里弗兩岸而建，由12座橋梁連接。街道呈方格狀，公園和街心花園散布各處，花草繁茂，尤其以街道兩側遍植的藍花楹樹而著稱。每年的10月～11月間，這裡都會舉行規模盛大的狂歡節活動，城市上下一片歡騰景象。

業城市、非洲最大的加工工業中心。這裡也成為非洲最大的工礦區和世界重要的採礦中心，連同周圍眾多工業城鎮、礦山構成了南非的經濟中樞，占南非工業產值的一半。同時這裡也成為南非綜合性的工業基地和重要的交通樞紐。現代的約翰尼斯堡高樓大廈鱗次櫛比，有博物館、教堂、市政廳等大型建築，而且市區環境優美，綠化極好，公園和草地占全市總面積的1/10左右，著名的朱伯特公園就坐落在市中心一塊高地上。

立法首都開普敦

開普敦位於非洲大陸西南緣的開普半島北端的狹長地帶，是南非的立法首都、第二大城市、全國重要的金融和工商業中心，也是南非重要的港口和旅遊勝地。這裡瀕臨大西洋的桌灣，南距好望角52公里，是印度洋和大西洋間繞非洲南端航海的必經之地，交通和戰略位置極為重要，是西方殖民者在非洲南部最早建立的一個據點，因而有「南非諸城之母」之稱。

普里托利亞位於東北部高原上的馬加利山麓，最初為荷蘭移民的後裔布林人所建。

由於地理和氣候的原因，非洲的很多地方都地廣人稀，因為少了人類破壞，也因此有難得的天然美景。起伏的山丘、堅固的岩石和沙漠特有的植物，似乎在述說著非洲的古老與神奇。

上 | 卡拉哈迪公園的羚羊包括此地特產的南非大羚羊、南非小羚羊等很多種類。

下 | 位於內地博普塔茨瓦納的「失落城」，是一座以幻想故事為藍本建造的人工娛樂場所。

黃金的國度

南非的礦產資源非常豐富，黃金儲量居世界第一位，因此南非有「黃金之國」的美稱。南非已探明的黃金儲量為3.6萬噸，占世界總儲量的40.4%，是世界上最大的黃金生產國和出口國。約翰尼斯堡的蘭特煉金廠是全世界最大的煉金廠，南非開採的黃金大部分在這裡被冶煉成高純度金錠銷往國外。

最大的鑽石礦穴

南非的鑽石幾乎和它的黃金一樣著名。南非是世界第五大鑽石生產國，位於中部高原的城市金伯利，由於擁有巨大的鑽石礦而被稱為「鑽石之城」。在金伯利城附近，有一口方圓1,600公尺、最深達495公尺的鑽石礦穴，曾是世界上最大的鑽石礦穴。

Travel Smart

黑人領袖曼德拉

南非的前任總統納爾遜·曼德拉（1918～2013）是著名的黑人領袖。他出生於一個部族酋長家庭，從青年時代就投身於黑人解放事業，為此放棄了繼承酋長地位。曼德拉於1944年參加非國大，1961年參與創建非國大軍事組織「民族之矛」，領導人民開展反對種族主義政權的武裝鬥爭。1962年被捕，被南非白人判處終身監禁。曼德拉於德克勒克總統執政後獲釋，重新當選非國大主席。1994年新民主南非建立，這位南非黑人的領袖和民族英雄，也成為了南非歷史上第一位黑人總統。

美洲
AMERICA

加拿大 CANADA

加拿大位於北美洲北部，東臨大西洋，西瀕太平洋，西北部鄰美國阿拉斯加，南界美國本土，北靠北冰洋達北極圈。海岸線長約24萬公里。東部氣溫稍低，南部氣溫適中，西部氣候溫和濕潤，北部為寒帶苔原氣候。加拿大西部豐富的自然資源吸引了大批歐洲移民來拓荒，狩獵者、淘金者和伐木工把希望寄託於這片土地。眾多的移民湧入加拿大，成為這個國家新的成員，使加拿大成為一個多民族的國家。他們帶來了各自的文化，而加拿大也在各民族的共同努力下變得更加繁榮。

國家檔案

全名	加拿大
面積	998.47萬平方公里
首都	渥太華
人口	3,650萬（2017年1月）
民族	英裔居民占42%，法裔占26.7%，其他歐裔占13%，土著居民約占3%，其餘為亞、拉美、非裔等
語言	英語和法語同為官方語言
貨幣	加拿大元
主要城市	渥太華、多倫多、蒙特婁、溫哥華、魁北克、維多利亞

尼加拉瀑布從55公尺的高度跌落，猶如萬馬奔騰，激起無數浪花。這裡是北美的旅遊勝地，每年都有大批的遊客到此遊覽。

🌐 自然地理

加拿大國土的主體是波狀起伏的低高原和平原低地，海拔不足500公尺的地區約占總面積的51%。山地主要分布在周緣，海拔1,000公尺以上的地區約占國土總面積的21%，其中西部是高大連綿的年輕的褶皺山脈，東南邊緣以及北極群島為久經侵蝕的古老山地。

洛磯山脈

洛磯山脈是北美洲西部的主要山脈，縱貫加拿大和美國西部，全長4,500公里。北連馬更些山脈和布魯克斯山，南與墨西哥境內的東馬德雷山脈相連。這裡是加拿大地勢最高之地，海拔一般為2,000公尺～3,000公尺，最高峰埃爾伯特山海拔4,399公尺。山脈最寬處達數百公里，洛磯山脈山體範圍大，構造和地形複雜，南北差異明顯。美國黃石國家公園以北的北洛磯山，東部在長列褶皺和沖斷層構造基礎上，條狀山脈比較普遍，其間隔

班夫國家公園設立於1887年，是加拿大最早的國家公園，也是著名的旅遊勝地，以景色優美而聞名。這裡的莫蘭湖水碧綠如玉，具有珍珠般的光澤。

以斷層谷地。東部以單一背斜隆起為主，山體斷續延伸，走向不一，其間隔以寬廣的向斜盆地。懷俄明盆地以南的南洛磯山，由兩組南北向的平行背斜褶皺山脈組成，山體高聳，有埃爾伯特山等48座海拔在4,200公尺以上的高峰，是整個山脈最雄偉的部分。

洛磯山脈是北美大陸重要的分界線。對極地太平洋氣團的東侵、和極地加拿大氣團或熱帶墨西哥灣氣團的西行，起了屏障作用，導致大陸東、西降水的巨大差異，並對氣溫分布產生一定的影響。洛磯山脈也是北美大陸最重要的分水嶺，除聖羅倫斯河外，北美幾乎所有大河都發源於此。山脈以西的河流屬於太平洋水系，山脈以東的河流分別屬北冰洋水系和大西洋水系。礦產資源豐富，是北美著名的金屬礦區。自19世紀以來，交通的快速發展加快了山區旅遊資源的開發。現在這裡是北美重要的旅遊區，每年吸引大量遊客。

勞倫琴山脈

勞倫琴山脈位於北美大陸東北部、五大湖－聖羅倫斯河以北。它是構成加拿大地形的主體，面積約占全國面積的一半，略呈馬蹄形，環繞哈德遜灣分布。勞倫琴山脈地質年代古老，以加拿大地盾為構造基礎，由前寒武紀花崗岩、片麻岩等組成，經長期侵蝕，山體變得起伏平緩，海拔一般介於200公尺～450公尺間，相對高差僅30公尺～60公尺。低高原邊緣地勢較高，如東北邊緣的托恩蓋特山海拔1,800公尺，東南邊緣的勞倫琴山海拔960公尺。勞倫琴山脈因地處第四紀大陸冰川中心，受到強烈的冰川侵蝕，土層瘠薄，岩石裸露，羊背石成群集聚，冰蝕湖星羅棋布，對農業生產限制極大。但地盾的古老岩層中金屬礦藏豐富，是加拿大的重要礦區，為工業發展提供了有利條件。

聖羅倫斯河是北美洲東部大河，全長1,287公里，流域面積30萬平方公里。

空河的航運業也衰退下來。雖然歷經19世紀90年代的淘金熱，但育空河的大部分地區都尚未開發。

育空河位於加拿大境內的上游地區，河流深切育空高原，峽谷幽深；中游河谷寬闊，蜿蜒曲折，幹流最寬處達64公里，這裡濕地廣布；育空河下游與科尤庫克河的下游共同形成一個面積廣大的河口三角洲。這裡主要以冰雪融水補給為主。由於位置偏北，氣候比較寒冷，一年中有9個月封凍，降低了其航運價值。下游河口的漁業資源豐富。另外，流域內自然資源豐富，以森林、金礦、銀礦最為著名。

育空河

　　育空河是北美第三長河。源於加拿大境內洛磯山脈西麓，西距太平洋僅24公里，流經育空地區中南部和美國阿拉斯加州中部，在高原西部注入白令海。全長3185公里，流域面積85萬平方公里。其中1,149公里河段在加拿大境內，約占總流域面積的1/3。該河因1896年在其支流克朗代克河發現金礦而聞名於世。在第一次世界大戰後淘金活動逐漸降溫，育

育空河是北美的主要河流之一，其源頭是加拿大育空地區的麥克尼爾河。育空河上游河水清澈透明，在光照下映出奇異的綠色。

聖路易斯湖位於維多利亞山下，其景致之美，令人讚嘆。懸浮在水中的冰礫反射光線，把湖水映照得如同璀璨的綠寶石一般。

Travel Smart

大奴湖

大奴湖位於西北地方南部，靠近阿爾比省邊界，是加拿大北部第二大湖，面積28,570平方公里。湖面海拔156公尺。湖形不規則，多湖灣。湖水深而清澈，最大深度614公尺，湖水總體積2,088立方公里。有多條河流注入，其中從東南部注入的奴河最重要，湖水經馬更些河從西部流出。漁業較豐富，產白魚、湖鱒等。另外，在湖岸附近蘊藏鉛、鋅、金礦等。南岸的派恩波因特是鉛、鋅礦開採的中心。北岸的耶洛奈夫是金礦開採中心和加拿大西北地區首府。

尼加拉瀑布

尼加拉瀑布位於加拿大和美國交界伊利湖和安大略湖之間的尼加拉河上，是北美大陸著名的奇景之一。尼加拉河長56公里，上下游高差99公尺。上游河段河面寬2公里～3公里，水面落差僅15公尺。從距伊利湖北岸32公里處河道變窄，河水從石灰岩崖壁上驟然陡落，形成落差51公尺的尼加拉瀑布。瀑布被中間寬約350公尺的長形戈特島一分為二。東側美國境內部分名為亞美利加瀑布，寬305公尺，落差50.9公尺；西側加拿大境內部分呈半環狀，名為馬蹄瀑布，寬793公尺，落差49.4公尺，其流量約為亞美利加瀑布流量19倍。瀑布年流量6,740立方公尺/秒。為使瀑布顯示其宏偉壯觀的奇景，加拿大和美國雙方商定，在旅遊旺季必須保證瀑布有足夠的水量，流量為3,000立方公尺/秒，平時可保證在1,500立方公尺/秒的流量。

河水常年混濁，石灰岩崖不斷坍塌致使瀑布逐步向上游方向後退，原來平均每年後退1.02公尺，20世紀50年代以來，由於採取了控制水流、用混凝土加固崖壁等措施，使瀑布後退速度控制在每年不到3公分。尼加拉瀑

布為北美洲風景名勝區。加拿大和美國兩國已經在瀑布附近建立旅遊區和公園，兩側同名的姐妹城尼加拉瀑布城成為旅遊中心。遊客可乘直升機或遊艇，或登上專設的望塔頂，或站在跨越瀑布峽谷長約300公尺的彩虹橋上觀看這一世界奇景。

大熊湖

大熊湖位於加拿大西北地區，北極圈經其北部，是加拿大第一大湖，北美洲第四大湖，因湖區多北極熊而得名。係構造窪地經第四紀冰川挖蝕而成。早在18世紀末就有商人到達過此地，1799年曾在湖岸地區建立貿易站。1825年英國人約翰·佛蘭克林來此探險。湖形不規則，湖岸陡立，長約322公里，寬40公里～177公里，面積3.1萬平方公里，湖面海拔156公尺，平均水深137公尺，僅8月和9月兩個月可通航。湖水西經110公里長的大熊河注入馬更些河。湖區產白魚和湖鱒。東岸湖區瀝青鈾礦開採中心埃科貝、以及西岸商業集中地佛蘭克林堡，為湖區主要居民點。

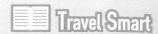

Travel Smart

楓糖節

楓糖節是全國性的傳統民間節日。每年3月來臨時，人們會去採集楓葉糖，熬製楓糖漿，品嘗大自然獻給他們的甜蜜禮品。許多生產楓糖的農場被粉飾一新，向來自國內外的遊人開放，尤其歡迎兒童光臨。人們還在楓樹上打個洞，然後插入一根管子，吸出糖汁，入鍋加熱，熬出香甜可口的糖糕。狂歡節上還有各種精彩的民間歌舞，遊客們還能去欣賞美麗繁茂的楓林紅葉。歡樂的楓糖節往往持續到6月底才結束。

沃特頓湖地形複雜，生物種類繁多，有上千種植物，其中有多種為當地特有。

印第安部落的巨大雕像顯現了他們在此生活過的痕跡。

歷史文化

加拿大的國名相傳來自古老的印第安語，意為「棚屋」。16世紀最早踏上這片土地的法國探險者們在這裡看到的，就是由棚屋組成的印第安人村落。隨著殖民者們的陸續到來，這片廣袤的土地在不斷發展中幾經易主。今天在加拿大生活的不僅僅是當年棚屋主人的子孫，更多是來自五湖四海的移民後裔。他們講著各自的語言，尊重彼此的文化，在這個多民族、多宗教的環境裡，過著和諧多彩的生活。

加拿大的發展

1914年第一次世界大戰爆發，在戰爭中，加拿大不僅為本國部隊提供大量軍事裝備和食品，而且還擔負英國和歐洲其他盟國的物資供應，戰爭刺激了加拿大資本主義的進一步發展，同時也削弱了英國對加拿大的控制。戰後，加拿大第一次作為一個獨立國家參加了1919年《巴黎和約》的簽字，以後又參加了國際聯盟。1926年，英國《帝國會議宣言》宣布自治領有同外國進行談判和簽署條約的權利，外交上同英國享有平等的地位。從此，加拿大獲得了外交上的獨立自主。第二次世界大戰中加拿大與英法兩國於9月10日宣布參加對德戰

沃特頓湖

沃特頓湖位於加拿大西南部阿爾比省與美國西北部蒙大拿州交界處。在第四紀冰川時期，巨大的冰川刻蝕山岩，形成了筆直陡峭、底部寬闊的冰川谷。沃特頓湖的氣候夏季晴朗涼爽，冬季濕潤多雪。北美特有的奇努克風使這裡冬季的氣溫大部分時間都保持在攝氏零度以上，使得這裡成為加拿大冬季最溫暖的地區之一。為了保護這裡的美景，美國和加拿大在1932年共同建立沃特頓 — 冰川國際和平公園。公園由加拿大的沃特頓國家公園和美國的冰川國家公園組成。在沃特頓湖區最古老的岩層裡，經常可以發現古代海洋生物化石。沃特頓湖區複雜的地形導致了生物的多樣性。這裡有250多種鳥類、240多種魚類、上千種昆蟲、1,200多種植物和近300種地衣植物，其中有18種是這裡特有的植物。這裡還生長著60多種哺乳類動物，其中有美洲熊和美洲野牛等珍稀動物。

格斯坦利公園位於溫哥華市中心，這裡有印第安人的圖騰柱。印第安人崇拜神祕的雷鳥力量，認為牠是傳說中巨大的加利福尼亞神鷹的代表。在公園的圖騰柱上都裝飾有這類鳥禽的雕刻

加拿大自成立聯邦以來，一直尊英王為國家元首。加拿大皇家衛隊和皇家儀仗隊的服裝、禮儀與英國一模一樣。

爭。1941年4月，加、美兩國領導人發表聯合聲明，宣布兩國在軍工生產、原料分配等方面進行密切合作。

戰爭使加拿大成為同盟國的兵工廠，同時也促進了工業突飛猛進的發展。在兩次世界大戰中，加拿大經濟不但沒有受到任何破壞，相反，由於戰時軍事訂貨的刺激，還促進了加拿大經濟的迅速發展。第二次世界大戰結束時，加拿大已成為世界主要工業國之一。20世紀50年代～80年代，是加拿大經濟飛速發展的時期。促進這一時期經濟較快發展的因素，除了技術進步促進了勞動生產率提高這一內部原因外，還有戰爭的軍事需求刺激、以及外國資本源源流入等外部因素的影響。1976年，加拿大參加了西方主要資本主義國家定期舉行的經濟首腦會議，成為西方七大國之一。

冬季狂歡節

冬季狂歡節在每年2月上、中旬舉行，為期10天，這是魁北克省居民最盛大的節日。狂歡節規模盛大，活動內容豐富奇特，具有濃郁的法蘭西色彩，能夠吸引近百萬國內外遊人。節前，城市裝飾一新，人們用雪築成一座五層樓高的「雪的城堡」，頗引人注目。節日期

間，市民每年要推選一位「狂歡節之王」，作為魁北克市的臨時「統治者」。他身穿白衣，頭戴白帽，猶如一個活的「雪人」，被人們簇擁著在全城遊行。在破冰後的聖羅倫斯河上會舉行傳統的「冰河競舟」；在城郊的滑雪場舉行輪胎滑雪比賽。參賽者俯臥在充氣胎上從高坡迅速滑下，十分驚險。另外還有冰雕比賽，用冰雕刻成的各種人像、建築物、冰船及動物等，晶瑩剔透，多彩多姿。此外，還有大型滑車、狗拉雪橇賽、越野滑雪賽、冰上賽馬等各種體育活動。

淘金節和鬱金香花節

淘金節是阿爾比省人為紀念祖先當年開拓精神的節日，從8月底起連續慶祝10天。人們身穿淘金時代的服裝上街遊行，熱鬧非凡。在

冰球運動19世紀80年代起源於加拿大，目前冰球運動已經普及到加拿大城鄉的每一個角落。每年的冰球比賽都受到全國人民的關注。

加拿大國家電視塔是世界最高的建築之一。

標誌，也是加拿大的娛樂中心和旅遊景點。

從1973年2月開始，籌備人員到世界各地對各種各樣的高塔進行實地考察。他們決心要使修建的高塔成為世界上最高的，並且將以最完美和最安全的設施吸引大流量的參觀者。實地考察是有成果的，設計者們汲取了世界各地其他建築的優點，尖細的針狀外形使這座高塔在力度中展現了輕捷的美感，中上部建有一個空中球體結構，它實際上是一個環形的密封眺望台，人們可以憑欄觀賞美景。除了這些實用的作用，它還增加了高塔的視覺元素。有高度為351公尺的夜間俱樂部和一個旋轉餐廳，447公尺高的「世界屋脊」處的「宇宙甲板」是一個環形觀賞廊，它為遊人提供了更絕妙的觀賞地點。

埃德蒙頓廣場演出雜耍、馬戲，夜晚五彩繽紛的煙火映紅了夜空。淘金節吸引了上百萬的國內外遊人。鬱金香花節是首都渥太華的盛大節日，時間在5月的最後兩周。節日間舉行各種彩色車輛的遊行，歡慶的人們把車用各種花束裝飾起來，選出一位美麗的「皇后」站在車上。人們以樂隊為前導，尾隨花車。夜晚燃放煙火，人們上街跳舞狂歡。

加拿大國家電視塔

加拿大國家電視塔位於多倫多市，是繼艾菲爾鐵塔和帝國大廈後，又一座世界上最高的建築。正因為有這個「世界第一」的人工造物的高度，加拿大人自豪地把它作為國家的象徵。加拿大國家電視塔從底層到天線頂端高553.3公尺，這個超高的建築花了40個月建成。由於塔身大大高出周圍的建築群，因而具有良好的接收、傳播信號的功能。同時，它又是當今世界著名的最高建築的

阿爾比省恐龍公園

阿爾比省恐龍公園位於阿爾比省東南部的紅鹿河谷地，是世界上已知的恐龍化石埋藏量最豐富的地區。這裡是恐龍化石寶庫之一，不僅數量豐富、種類繁多，而且保存完好。阿爾比省臨近太平洋，氣候溫暖濕潤。紅鹿河谷適宜的環境和氣候，使恐龍在這裡曾橫行一時。有些恐龍陷入河谷的沼澤地裡喪命，牠們的遺骸被泥沙掩蓋，在石化作用下，形成了化石。

渥太華市中心面對渥太華河的高地上聳立著國會大廈，為聯邦議院和政府所在地。

🏛 主要城市

　　加拿大國土遼闊，然而人口較少，是一個典型的地廣人稀的國家，規模較大的城市多集中在東南部的聖羅倫斯河流域一帶。現在的城市，大多是最初作為開發邊區據點而發展至今。有的起源於歐洲拓荒者所組成的小聚落，有的是早期殖民者為了防禦印第安人所設置的交通要塞，也有些是因發現了礦藏繼而興起的礦業城市。雖然起源各有不同，但都殊途同歸地發展成為了今天繁華的國際大都會和國家的經濟活動中心。

寒冷的首都渥太華

　　渥太華在加拿大的東南部，是世界上最寒冷的首都之一。1月份平均氣溫是零下11℃。每年11月份開始降雪，直到翌年4、5月份積雪才漸漸融化。渥太華位於安大略省東南部與魁北克省交界處、橫跨渥太華河。河的南岸屬於安大略省的渥太華市，北岸屬於魁北克省的赫爾市，但兩岸市區連成一片，構成首都。渥太華市區河岸丘陵起伏，樹木茂盛。春季市內一片蔥綠，到處可見大塊草地上開放著色彩豔麗的鬱金香花，因此渥太華又稱「鬱金香城」。20世紀以來，渥太華工商業飛速發展，現代化的建築拔地而起，現今它已成為加拿大有名的大都市之一。市區街道整齊，酷似棋盤。議會大廈、聯邦政府、最高法院3座大廈鼎足而立，國家藝術中心也在不遠處。除市中心有高樓大廈外，許多街區的房屋大多是一二層的花園小洋房。

📖 **Travel Smart**

蒙特婁 ｜ 埃德蒙頓

1. 蒙特婁是全國工商業和金融業中心。全國65%的石油要靠該市煉油廠提供。

2. 埃德蒙頓是加拿大重要的石油中心之一，全國最長的兩條輸油管自此分別通往蒙特婁和溫哥華。

不列顛哥倫比亞省位於加拿大西岸，省內山脈連綿、河流縱橫、森林茂密。

渥太華地處橫貫大陸鐵路線的交叉點上，是重要的鐵路樞紐，又是河港。市內國際機場有百餘條航線通往國內外重要城市。該市又是加拿大重要的工業城之一，主要工業有紙漿和造紙、木材加工、印刷、食品加工、運輸機械製造、水力發電等。近年來，電子等尖端技術工廠又拔地而起。渥太華還是全國文化、科學研究的重要城市。除渥太華大學、卡皮頓大學等最高學府外，還有很多的科學院和研究中心，市內遍布各種全國性博物館。

渥太華雖然氣候寒冷，冬天又漫長，但是這裡的色彩並不單調，人們早已習慣了寒帶生活，冰天雪地給他們帶來豐富多彩的業餘生活。

這裡的人們冬天的愛好是滑冰。市內有一條世界最長的溜冰場，全長7.8公里，這條運河夏天是遊人泛舟蕩漾的理想場所，冬天是冰上健兒縱橫馳騁、大顯身手的廣闊天地。冰球在這座城市也深受人們喜愛。整個冬季，冰球是熱門運動，比賽也十分頻繁。每週六晚上電視台都要轉播比賽的實況。

海濱城市溫哥華

溫哥華是加拿大第三大城市，也是加拿大太平洋沿岸最大的城市，位於不列顛哥倫比亞省西南部，加、美邊界北側。溫哥華是加拿大西部運輸、貿易和工業中心，是橫貫加拿大全境大鐵路的終點，也是加拿大最大的海港。港口水深，冬季不凍，是世界主要小麥出口港之一。該市是華人聚居的城市，也是歷史上同華人往來最早的加拿大城市。民主革命的先驅孫中山先生曾三次到此，發動華僑投身於推翻清王朝的革命活動。這裡的唐人街位於市區東方，商店都由華人經營，店鋪一律用中文招牌，出售中國手工藝品、古董、時裝、中藥、海味等。市內有許多中國餐館，還有3家上映中國影片的電影院。唐人街熱鬧繁華，逢年過節，華人在此召開慶祝會、花市、舞獅表演。市內帶有中國雕刻藝術特徵的獅門吊橋聞名遐邇，橋頭一對獅子塑像栩栩如生，似乎在守衛著這座長達1,600多公尺、高120多公尺的市區吊橋。

溫哥華是加拿大第三大城市,也是加拿大西部最大的城市,位於加拿大西海岸入口,靠山面海,氣候溫和,是一個天然良港。

工商業和金融中心
蒙特婁

蒙特婁是加拿大第二大城市和河港,位於魁北克省南部,聖羅倫斯河下游左岸。有2/3人口是法國人後裔,通用法語,有「北美洲巴黎」之稱。蒙特婁是一座歷史悠久的古城。17世紀前這裡是印第安人的居住地。1642年法國移民開始在此定居,後來成了貿易站。1670年此地成為修爾皮斯修道院的所有地,並在此建立神學院。1832年正式建立蒙特婁市,逐漸成為北美洲重要港市。蒙特婁是加拿大重要交通要津,是全國鐵路、航空總站所在地。這裡的多瓦爾國際機場在市區西部23公里處,是全國最大的機場之一。市內有中央火車站和溫莎火車站。蒙特婁東郊的大型體育場,是1976年第21屆奧運會舉辦的地方。橢圓形的看台上有巨大的玻璃頂蓋,可以蓋住整個體育場,使之成為風雨無阻的室內體育館,冬季開放暖氣,場內溫暖如春。頂蓋也可以揭開,成為露天運動場。

聖瑪利亞大教堂在1656年建於蒙特婁,是北美洲最大的教堂。教堂內有1萬個座位和高大的祭壇,牆上有許多著名的木雕和畫像。

蒙特婁是加拿大第二大城市和全國工商業中心，舊市區仍然有殖民時代的風格。

最大的城市多倫多

多倫多是安大略省省會，位於安大略湖西北岸，是加拿大最大的城市和重要港口。市內摩天大樓巍峨聳立，寬闊的街道潔淨整齊，草坪花木蓋地，綠樹成蔭，家家住宅門前都有精心栽種的花卉，是一座名副其實的花園城。號稱「加拿大的華爾街」的鬧市區，包括湖灣街的金融區，主要商業區從楊大道至大學路，以及國王路至大學路一帶。這裡有全國最大的伊頓百貨商場和辛普遜等大百貨公司。城裡有數百家旅館，包括許多設備齊全的豪華大飯店。多倫多也是全國文化、教育的中心。有全國最大的多倫多大學和11所學院。還有國家芭蕾舞團、交響樂團等數十個藝術團體。在距市區東南兩公里處，可看到19世紀加拿大農村的典型風貌。這裡有古老的黑克開拓村，村裡有27幢古老建築，如打鐵室、印刷室、製鞋室等。郊外的多倫多汽車動物園和非洲動物園都是開放式動物園。所有動物不關在鐵籠中，觀眾入園參觀要乘坐專門的汽車或自己駕車，在車內觀看飛禽走獸，以免被猛獸襲擊。

魁北克古城

魁北克古城位於加拿大東部魁北克省的魁北克市內，是保存著完整的城防體系和法國風韻的歷史建築。其面積11平方公里，是北美洲唯一有古城牆環繞的城市。它扼守大西洋與加拿大內陸的入口，在歷史上是兵家必爭之地。1759年，英軍打敗法軍，占領了魁北克古城。從1820年起，經過11年時間，將其修築成了一座北美最著名的軍事要塞。要塞為六角形建築，有堅固的城牆和難以逾越的壕溝，與魁北克古城西南的城牆連為一體，構成了一個完整的防禦系統。魁北克古城分為上城和下城兩部分。

上城建在鑽石角，是政治、文化中心，有城牆環繞；下城建在懸崖下，是魁北克城居民以及海運和貿易集散地。魁北克古城的街道融合了英、法兩種文化，不但可以找到典型的法蘭西第二帝國時期風格的建築，而且英國維多利亞時代的古典建築也隨處可見。

多倫多市中心,林立高聳著百貨商場巨大的晶體建築、以及50多層的商業大廈等,給人深刻的工業化與現代化氣息。

溫哥華氣候溫和濕潤，四季如春，是著名的旅遊勝地。

🥁 經濟

　　加拿大經濟發達，工業基礎良好，採礦業尤其突出，大部分工業製品自給自足，是世界著名的工業國家和經濟富裕國家；同時農業方面也毫不遜色，是世界上最大的糧食生產國之一。加拿大經濟的發展，因國土的自然環境和地區的經濟結構不同而產生了很大的差異。位於鄰近美國邊境地區的經濟中心區集中了全國大部分生產活動，而與經濟中心區距離較遠的大西洋沿岸地區，則仍以第一產業為基礎，發展相對落後。

工業以採礦業著稱

　　在加拿大，工業生產主要由採礦業、公用事業和製造業三大部門構成。加拿大的採礦業生產僅次於美國和俄羅斯，居世界第三位，已開採的礦產約60多種。鋅、鎳、石棉、鉑的產量居世界首位。近年在新技術的探測下，加拿大豐富的地下資源已逐漸顯露出來。加拿大現有300座礦山，有許多像安大略省薩德伯里和不列顛哥倫比亞省特雷爾一樣的礦城。在加拿大的礦產品出口中，美國所占的比重最大，約占一半以上，其次是日本和歐盟國家。加拿大的石油和天然氣生產占有重要的地位。目前已探明的原油儲量為80億桶。加拿大過去主要依靠豐富的水力資源進行發電。

　　20世紀60年代以後，原子能發電在加拿大電力工業中占的比重日益增大。1967年，建立了第一座核電廠。由於科學技術的進步，加拿大的製造業獲得了較大發展，其中，汽車、造紙等部門占有突出的地位。2005年加拿大製造業總產值為1,839.89億加元，占國內生產總值的16%，從業人員220.7萬，占全國就業人員的13.6%。可以看出製造業是加拿大工業的主要產業。但是，加拿大製造業部門結構的一個弱點是它的機器製造業發展有限，在很大程度上仍須依賴美國的技術與資本。

發達的農牧業

加拿大是一個農業高度發達的國家，也是世界上最大的糧食生產國之一。主要種植小麥、大麥、亞麻、燕麥、油菜、玉米等農作物。全國可耕地面積約占土地總面積的16%，其中已耕地面積約6,800萬公頃，占全國土地面積的6.8%。2005年，農業人口34.4萬人，占全國就業人口的2%。在世界農產品貿易中，加拿大的一些重要農產品，如小麥、大麥一直位居前列。加拿大已成為世界上最大的糧食出口國。2005年農、林、漁業總產值為250.56億加元，占國內生產總值的2.2%。漁業是大西洋沿岸諸省最古老的經濟部門，加拿大漁業資源豐富。領土面積中有89萬平方公里被淡水覆蓋，淡水資源占世界的9%。另外，它有24萬公里長的海岸線，漁場面積達50多萬平方公里，發展漁業生產的自然條件極其優越。

豐富的林業資源

森林資源是加拿大的重要財政來源之一，可為各種產業提供加工原料。加拿大的森林覆蓋面積達440萬平

多倫多的唐人街有五六條，街上有許多出售各種中國藝術品和土特產的商店，中國餐館也隨處可見，中文標寫招牌的商店和餐館生意興隆。

加拿大旅遊資源豐富，旅遊配套設施也很完善。班夫國家公園內建於19世紀90年代的哥德式班夫溫泉飯店，是當時世界上最大的旅館。

方公里，產材林面積為286萬平方公里，分別占全國領土面積的44%和29%。加拿大森林面積中80%為國有林地，可供使用的森林面積達60%，但已開發的森林極少。木材總儲量為172.3億立方公尺。種類最多的樹木以不列顛哥倫比亞省的松樹和其他地區的西洋杉、白楊等軟質木材為主；南部地區還出產橡樹、榆樹、樺樹、楓樹等硬質木材，但產量有限。木材廠沿水路分布，近年來由於技術革新，許多小規模工廠已被現代化工廠所取代。主要產品是木板及橫木，尤其不列顛哥倫比亞省出產數千年的松樹，加工製成的巨大木板頗受歡迎，聞名世界。加拿大是世界第一大報紙用紙張的生產國，也是纖維素和紙漿生產國。

興旺的旅遊業

旅遊業是加拿大經濟的重要組成部分，也是加拿大六大外匯來源之一，加拿大在世界旅遊組織收入最高國家中排名第九。全國直接或間接從事旅遊業的人數超過100萬，約占全國勞動力的8%～9%。2005年旅遊收入為256.49億加元，占國民生產總值的2.22%。聯邦和省政府從中獲得稅收167億加元。全國有18個國家公園，

這些國家公園既是自然和野生動植物保護區，又是旅遊勝地，每年接待的遊客達3,000萬以上。另設有55個國家歷史公園或歷史古蹟，即國家重點文物保護單位。此外，在700個具有歷史意義的地方建立了碑、牌、匾等。

加拿大森林資源豐富，木材加工業是國家的主要工業。

格陵蘭 GREENLAND

美洲

格陵蘭是世界第一大島,位於北美洲東北、北冰洋與大西洋之間。西以羅伯遜海峽、史密斯海峽、巴芬灣和大衛斯海峽與加拿大北極群島相隔,其中羅伯遜海峽最窄處僅26公里,東臨格陵蘭海和丹麥海峽。海岸曲折,長約4.4萬公里,多深邃的峽灣,全島4/5的面積在北極圈以內。格陵蘭的地理位置對於橫穿北極的空中交通有重要意義,為北極地區戰略要地,美國和北大西洋公約組織在此建有兩個導彈預警系統,西北部的圖勒有龐大的美國空軍基地和北極科研站,西南部有美國、丹麥聯合軍事基地。

格陵蘭終年寒冷,是世界上除了南極以外最冷的地方。

北極圈內的冰山島

格陵蘭是大陸島,構造基礎是北美大陸加拿大地盾的延伸。太古代、元古代褶皺主要由花崗岩、片麻岩、白雲岩和石英岩組成,局部地區覆有後期沉積岩。西南部地區已發現38億年前的古老岩層。島的東緣屬古生代加里東褶皺帶,長期經受外力侵蝕,地面準平原化。第三紀格陵蘭又發生大面積上升,並伴隨著斷裂活動和玄武岩熔岩噴發,但中部下陷,使全島地形成為四周向中部低傾的高原。第三紀末期氣候寒冷,大陸冰川廣泛發育。目前全島84%的地面仍為巨厚冰層覆蓋,冰的總體積約260萬立方公里,僅次於南極洲的現代大陸冰川。冰原上點綴著少數突兀的山峰,形成冰原「島峰」景象。

丹麥的自治州

格陵蘭1261年淪為挪威殖民地。1380年,丹麥征服挪威成立聯盟,格陵蘭轉由丹麥管轄。1933年海牙國際法庭將格陵蘭島判歸丹麥。1953年,丹麥憲法規定格陵蘭為丹麥的一個州,在政治上享有與丹麥本土的都市平等的權利,並於1973年隨丹麥一起加入歐共體(1985年退出)。1979年5月1日正式實行內部自治。

格陵蘭設有自治政府。格陵蘭的總督由丹麥君主任命,格陵蘭在丹麥議會中有兩個議席。

＊編按:2008年舉行公投,正式在2009年改制,其內政獨立,但在國防與外交等事務,仍是丹麥接管。

Travel Smart

寒冷的氣候

格陵蘭全島4/5的面積在北極圈內,約北緯70°以南的西南岸和南端沿岸地區,因受西格陵蘭暖流影響,氣旋活躍,屬海洋性苔原氣候。地處高緯的北岸和西北岸,以及受東格陵蘭寒流影響的東岸,氣溫和降水低於西南岸和南岸。廣大內陸地區終年為反氣旋所籠罩,屬大陸性冰原氣候。格陵蘭島出現極地特有的極晝和極夜現象,北部每年有連續5個月白晝和5個月黑夜。

美國 UNITED STATES OF AMERICA

美國是一個以美洲為國名的國家，位於北美洲中部，從大西洋西岸到太平洋東岸，幾乎橫跨整個北美洲大陸，領土包括北美洲西北部的阿拉斯加和太平洋中部的夏威夷群島。北與加拿大接壤，南靠墨西哥灣，西臨太平洋，東瀕大西洋，海岸線長22,680公里。300年前的美國還只是一片廣大的荒原，但隨著成千上萬不同民族、不同語言的移民帶著他們的文化湧入這裡，美國開始飛速發展，經歷了近300年的歷史演進和變革，成為當今世界的頭號強國。

國家檔案

全名	美利堅合眾國
面積	937.26萬平方公里
首都	華盛頓特區
人口	3.231億（2016年）
民族	白人約占77%，黑人約占13%，亞裔約占3.3%，華人約300多萬
語言	通用英語
貨幣	美元
主要城市	華盛頓特區、紐約、洛杉磯、芝加哥

大霧山位於南阿帕拉契山脈中，由於山林上空總是籠罩著一層淡淡的薄霧而得名，這裡植被種類異常豐富，有「生物基因寶庫」之稱。

🌐 自然地理

美國本土地形兩側高、中間低，明顯分為阿帕拉契山脈、中部大平原、科迪勒拉山系3個縱列帶。本土屬溫帶和副熱帶範圍，氣候的地域差異明顯，類型複雜多樣。國內河湖眾多，水資源豐富，但水網密度、水系大小等方面分布很不均衡，洛磯山脈構成了全國主要分水嶺，中部平原地區發育了世界最大的水系：密西西比水系，世界最大的淡水湖群：五大湖。

阿帕拉契山脈

阿帕拉契山脈為北美洲東部的地形區，介於大西洋沿岸平原與中部平原之間，也是美國東部地區的主要地形。南起阿拉巴馬州中部，向東北伸展，在美國境內長約2,300公里。其東北部經長期侵蝕形成波狀起伏的高地，海拔約300～500公尺，向東南傾斜，有些地段形成了低山，如懷特山、格林山等；西南部地形構造比

位於美國西部猶他州荒野中的國會礁，由於岩層大規模的扭曲而形成一個大型的岩石階。

密西西比河支流眾多，水量豐富，被印第安人尊稱為「密西西比」，意即「河流之父」。

拿大邊界，南達大西洋沿岸平原的格蘭德河一帶，又分為東部內陸低平原和西部大平原。內陸低平原海拔一般不足500公尺，地勢向密西西比河及其支流傾斜，其中密蘇里河和俄亥俄河以北地區，由於冰川的侵蝕和堆積作用，形成了廣大的冰磧平原。中部為密西西比河下游沖積平原，其東南側，即俄亥俄河以南、密蘇里河以東地區，為低高原；西南部為帶狀起伏的丘陵和谷地。西部大平原地勢基本為廣闊平原，自東向西緩慢升高，海拔500公尺～1,800公尺，與西部山脈相接。中部平原多數土壤肥沃，而且地勢平坦，適合發展機械化農業，是美國主要的農業區。

密西西比河

　　密西西比河位於北美大陸中南部，發源於洛磯山脈北段，縱貫美國國土南北，注入墨西哥灣，全長6,262公里，為世界第四長河。其幹流流經美國31個州，占美國本土面積的2/5以上。密蘇里河是密西西比河最大的支流，急流較多，岸坡裸露和水流變化劇烈，水土流失和河道淤塞問題較為嚴重，有「大泥河」之稱。俄亥俄河是密西西比河的第二大支流，有數條運河與五大湖相連接，為重要商業通道。密西西比河是美國中南部農業

較複雜，其東側包括山麓台地和藍嶺兩個地貌，北窄南寬。山麓台地海拔200～400公尺，向東緩傾，以陡崖的形式與沿海平原相接，河流經此多形成湍流和小瀑布；藍嶺為崎嶇山地，海拔500～1,800公尺，自北向南增高；西側包括嶺谷區和阿帕拉契高原兩個地貌，前者

表現為嶺谷相間的特徵，海拔約1,000公尺，阿帕拉契山脈較平坦，地面起伏和緩，海拔300～500公尺。

中部平原

　　中部平原位於阿帕拉契山脈和洛磯山脈之間，平原北寬南窄，北起美國與加

美國河湖眾多，全國年平均地表徑流量29705億立方公尺，約占全球年地表徑流總量的6.3%，居世界第四位。

灌溉、以及生活和工業用水的主要水源，而且河上與江河湖海相連的水網，也使它成為美國內河交通大動脈。

約塞米蒂谷位於美國西部的加利福尼亞州，被譽為美國景色最優美的地區。

五大湖

五大湖是世界最大的淡水湖群，與密西西比河水系共同構成了美國本土最主要的水系。五大湖分布在美國中北部邊境，自西向東依次為蘇必略湖、密西根湖、休倫湖、伊利湖、安大略湖，除密西根湖完全在美國境內，其他4湖與加拿大共有，約有2/3屬於美國，總面積24.5萬平方公里，素有「北美大陸的地中海」之稱，其中蘇必略湖是世界上最大的淡水湖。五大湖湖面由西向東逐漸降低，各湖之間有水道相通，最後安大略湖彙集聖羅倫斯河注入大西洋。五大

湖水量豐富，湖面季節變化幅度很小，與密西西比河之間有多條運河相通，連成一個龐大的內河航運系統。五大湖也是北美洲內陸漁業的主要集中區，五大湖還為沿湖城市提供了大量工業和生活用水，也是世界著名旅遊勝地之一，每年都吸引國內外數百萬的遊客來此遊覽度假。

科羅拉多大峽谷

科羅拉多河是北美洲西部的主要河流，在流經美國西南部的科羅拉多高原時，將高原沖蝕出多條深邃的峽谷，其中以科羅拉多大峽谷

的景色最為壯觀。科羅拉多大峽谷是陸地上最長的峽谷，位於美國亞利桑那州西北部的科羅拉多高原上，迂迴曲折的科羅拉多河就從谷地穿流而過。峽谷兩側都是懸崖峭壁，綿延長達350公里，最大深度2,133公尺。大峽谷以其規模巨大、豐富多彩的岩層而著稱。從谷底向上，整齊排列著北美大陸從元古代到新生代不同地質時期的岩石，並含有豐富的、具有代表性的生物化石，儼然是一部「活的地質史教科書」，記錄了北美大陸的滄桑巨變和生物演化進程。上千種植物在峽谷上下呈明顯的垂直分布，峽谷中還棲息著100多種動物、230多種鳥類，如珍稀的白頭鷹、美洲隼等。1919年美國正式將大峽谷最為壯觀的一段闢為國家公園。

黃石公園的一處地熱泉，泉水內含有各種金屬離子，在陽光的照耀下，清澈的泉水顯出碧綠的顏色，而金黃色的外緣則更加鮮明，猶如一朵盛開的花。

黃石國家公園

美國的黃石國家公園是世界上第一座以保護自然生態和景觀為目的而建的國家公園。它位於美國西部的懷俄明、蒙大拿和愛達荷3州交界處。始建於1872年，是美國設立最早、規模最大的國家公園。公園不僅擁有各種森林、草原、湖泊、峽谷和

瀑布等自然景觀，其大量的熱泉、間歇泉等地熱資源，更構成了享譽世界的獨特地熱奇觀。發源於黃石公園的黃石河是密蘇里河的一條重要支流，貫穿整個公園，將山脈切穿而形成了壯觀的黃石大峽谷，而且在峽谷中形成了許多激流瀑布。在湖泊區還有北美洲最大的高原湖泊：黃石湖，由於黃石河的充分補給，水面遼闊，形成了自己特有的氣候景觀，有2,000多種動物在這裡繁衍生息。

美國佛羅里達東南部大沼澤地區的美洲短吻鱷。

科羅拉多大峽谷岩性軟硬不同、顏色各異的岩層，被外力作用雕琢成千姿百態的奇峰異石。

費城是美利堅合眾國的誕生地，這裡的獨立廳、國會廳等歷史名勝依然保存完好，可謂是美國獨立前歷史的一座大博物館。

🏛 歷史文化

年輕的美國是一個移民國家，從最初的外來者踏上這片土地起至今已有幾個世紀的歷史。在這個被稱為「民族大熔爐」的國度中，共同的經濟文化生活使移民們逐漸融合成一個統一的美利堅民族。長期以來，這個民族接納著來自世界各地的文化，又將之吸收融匯，發展成獨有的多元化文化風格。而樂觀、創新、求實的精神也使美國人一直走在世界科技、文化潮流的最前沿。

美利堅民族的形成

從16世紀開始，美國現今的領土上就有西班牙、荷蘭、法國殖民者相繼侵入。而英國則後來居上，到1733年，已在大西洋沿岸的狹長地帶建立起13個殖民地。隨著英國移民大批到來，越來越多的黑人奴隸被販運到此，英屬殖民地人口增長很快，其中1/5為黑人奴隸。殖民地的經濟以農業為主，小農場土地所有制和奴隸種植園大土地所有制並存。在北部的新英格蘭一帶，伐木、採礦等工業迅速興起，溝通13個殖民地的公路也陸續興建起來，使殖民地間逐漸形成了統一的市場。隨著英語成為殖民地人民的共同語言，一個新的民族——美利堅民族便逐漸形成了。

獨立戰爭

18世紀後期，殖民地經濟日益發展，而宗主國英國在殖民地相繼頒布的糖稅、印花稅等法令，卻嚴重損害了殖民地人民的利益，殖民地人民的反抗又遭到了英國的鎮壓，導致了宗主國與殖民地之間矛盾的日趨激化。1775年4月19日，在波士頓郊區萊剋星頓的戰鬥揭開了北美殖民地人民獨立戰爭的序幕。翌年7月4日，殖民地人民的權力機構大陸會議通過了《獨立宣言》，宣布脫離英國而獨立。1777年，大陸會議也通過了《邦聯條例》，第一次採用「美利堅合眾國」作為邦聯的名稱。美國人民在「不自由，毋寧死」的口號激勵下，終於在1781年打垮了英國殖民軍。1783年，美國與英國簽訂結束戰爭的《巴黎和約》，英國承認美國獨立。北美獨立戰爭以美國人民的勝利而告終。

📖 Travel Smart

聖海倫火山

聖海倫山是一座活火山，1983年5月18日發生了最為劇烈的噴發。火山噴出的煙雲沖上了2萬公尺的高空，火山灰隨氣流擴散至4,000公里以外。火山附近許多河流被堵塞、改道，熔岩流還引起了森林大火。造成60多人死亡，390平方公里的土地變成不毛之地，是美國歷史上，也是20世紀以來地球上規模最大的火山爆發之一。

1776年的7月4日是大陸會議通過《獨立宣言》的日子，後來被定為美國的獨立紀念日。之後每年的7月4日國內各大城市都會舉行規模盛大的遊行活動，以慶祝獨立日。

南北戰爭

19世紀初期美國開始了第一次工業革命，工業因而得到迅速發展。然而，由於獨立戰爭後北部發展的是以雇傭勞動為基礎的資本主義經濟，工業發展迅速，但南部仍保留著使用黑人奴隸的種植園奴隸制度，由此產生的一系列矛盾促使南、北政治力量之間由衝突而導致戰爭。1861年，反對黑奴制度的共和黨人林肯當選總統，在南方奴隸主中引起了很大騷動。不久，南方7個州的奴隸主代表組成了與北方聯邦政府抗衡的「南方同盟」，隨之發動了武裝叛亂，美國面臨分裂。為保衛聯邦政府，林肯總統發布了徵召志願軍的命令，南北戰爭由此爆發。1862年9月林肯總統又頒布了《解放黑奴宣言》。這些法律和政策的實施，使戰爭形勢立即發生了有利於北方的變化。1865年4月，南方聯軍統帥羅伯特·李將軍投降，持續4年之久的內戰終以北方勝利而結束。南北戰爭使南方奴隸制被徹底廢除，為美國資本主義發展掃清了道路。

美國實力的盛與衰

兩次世界大戰中，壟斷資本家在戰爭中大獲好處，美國經濟迅速膨脹。第二次世界大戰後初期，美國經濟達到頂峰階段，約占資本主義世界工業產值的一半以上，並且是世界最大的資本輸出國。美國一躍成為世界獨一無二的超級大國，在國際舞台上扮演了極為重要的角色，影響遍及世界各個角

美國是聯邦制國家，各州擁有包括立法權在內的較大的自主權，圖為紐約州首府奧爾巴尼的政府會議大廳。

拉什莫爾山上雕刻著美國4位著名總統的巨大頭像。從左至右依次是喬治·華盛頓、湯瑪斯·傑佛遜、西奧多·羅斯福和亞伯拉罕·林肯。

末的人口普查顯示，美國的印第安人僅剩下不到25萬。直到20世紀政府成立了印第安人保護區，使他們的生活和衛生條件獲得改善，與白人之間的緊張關係也逐漸緩和。印第安人的人口又逐年增加。

進取務實的性格

美國人充滿冒險精神的祖先們來自世界各地，他們那種冒險和進取的精神也一代代傳下來，形成了今天的美國人極富特點的性格。美國人總是喜歡追求新奇的事物，不斷改變環境。他們還非常看重別人對自己的印象，希望能結識更多的朋友。美國人最欣賞的性格是獨立進取，他們不喜歡依賴

落。但在戰後的幾十年裡，美國多次插手別國事務，在世界範圍內，帶頭發起以「遏制」共產主義發展為主要目標的「冷戰」。然而經過韓戰和越南戰爭後，美國的實力、地位受到很大削弱。

20世紀70年代開始，其世界戰略也從進攻轉為防禦。20世紀90年代開始，世界格局和形勢發生巨大變化，東歐劇變、蘇聯解體、波斯灣戰爭，美國處處插手，與此同時，經濟也受到影響，增長速度也已落後於日本和多數西歐國家。美國在資本主義世界的經濟地位相對下降，但仍是資本主義世界經濟最發達、影響力最大的國家。

古老的印第安人

1492年，航海家哥倫布初次登上美洲大陸時，以為來到的是印度，因此把當地

現在美國境內大約有136萬印第安人，主要生活在西部亞利桑那、新墨西哥等州的印第安人保護區內。

的居民稱為「印度人」，後來人們為了區別於真正的印度人，把美洲大陸上的土著居民稱為了「印第安人」。印第安人也是美國境內最早的居民。據估計，在15世紀末的時候，美國境內的印第安人有100多萬，隨著歐洲殖民者來到後的驅逐、壓迫和屠殺，印第安人遭到了空前的滅族災難，據19世紀

耶誕節的前夜稱為「平安夜」，白色的平安夜寄託著人們對耶誕節的祈盼和祝願。

官方語言：美式英語

美式英語是美國的官方語言，它源於英語，但又與今天英國人所講的英式英語有所不同。美式英語形成的歷史可以追溯到第一批移民登上美洲大陸時。在陌生環境中，移民們遇到許多以前從未見過的新事物，不得不尋找新的辭彙來表達它們，加之長時間地理上的阻隔，美、英兩國在語言上逐漸產生差異，演變出了具有美國特色的美式英語。從發音上看，美式英語的語調比較平和，與語調抑揚頓挫的英式英語大不相同；從語法上看，美式英語也體現出美國人簡單、隨意的性格，不像英式英語那樣拘泥於嚴格的語法規則。進入20世紀後，美式英語傳播速度非常快，特別是在美國的電影、漫畫影響下，許多美式英語的新詞甚至在英國的使用頻率和在美國一樣高了。

別人，凡事都強調自己動手解決。同時他們也最講求實際，他們明白耽於幻想便意味著一事無成。在美國人眼裡，重要的不是一個人的家庭背景，而是他本人的才華和能力，而這種冒險求新、樂觀和務實的精神也正是推動美國社會不斷前進的精神動力。

到的漢堡包、熱狗。漢堡包是中間夾牛肉、乳酪等的圓麵包，熱狗則是一種裹著香腸的細長麵包，都以方便、可口而博得大眾的喜愛，風靡全國，現在也成了在世界範圍內極為流行的方便食品。除了上述兩種最常見的之外，現在美國還有即溶咖啡、速飲橘汁、速食麵包、速食糕點以及快熟麵、罐頭湯、電視餐等速食食品，可謂項目繁多、五花八門。

講效率的美國人用餐一般不在細緻上下功夫，而更講求方便，因此速食在美國非常盛行。

簡單快捷的飲食

速食文化可以說是美國文化的代表之一。最有名的自然要數街頭巷尾隨處可以買

愛新鮮、趕時髦的美國人很容易接受新產品和新觀念，而很少受傳統觀念的約束，這一點即使在頭髮的裝飾上也有很明顯的體現。

收入依賴於政府公務及各企業的業務活動。城市的中心部位是國會大廈,它建於低矮的國會山上,用白色砂岩和白大理石築成,有一個醒目的圓形屋頂。大廈西北為歷屆總統居住的白宮,用白色砂岩按新古典建築式樣建成,國會大廈和白宮之間有包括聯邦政府各部、機構以及國家檔案館等在內的建築群。全城有數百處紀念建築物、紀念碑,最著名的有方尖碑式的華盛頓紀念塔、古希臘式的林肯紀念堂以及傑佛遜總統紀念堂等。由於聯邦政府禁止該市發展工業,市內空氣清新,多公園、林蔭道和草地廣場,而旅遊業也成了這裡財政收入的第二大來源。

坐落在國會山上的國會大廈,是首都華盛頓特區的標誌性建築之一。

🏙 城市和地區

美國是當今世界城市化程度最高的國家之一。由於交通工具、通訊方式、傳播媒介等方面日新月異的發展,美國城市的生活和文化已經不僅僅局限於城市的地域範圍內,而是擴展和輻射到了周圍地區。今天的美國城市,已經是高度發達的現代文明融匯之地。鱗次櫛比的高樓大廈、交錯縱橫的大街小巷、令人眼花繚亂的商業街區、幾乎應有盡有的現代化設施,構成了這個國家最引人注目的城市景觀。而在遠離本土的海外,阿拉斯加寧靜的冰雪世界和夏威夷群島明朗的熱帶風情則又有另一番動人之處。

首都華盛頓特區

美國的首都華盛頓特區是全國的政治中心,位於國土東海岸,是美國建國後專門修建來作為首都的城市,因此也是世界各國中少有的僅以政府行政職能為主的現代化大城市。從1800年正式成為首都以來,主要的財政

紐約自由島上的自由女神像已成為美利堅民族的象徵，她沉靜莊重地佇立在紐約港的一畔，而另一畔的紐約世貿中心在「九一一事件」後已成為人們腦海中的回憶。

最繁華的都市：紐約

作為世界特大城市之一的紐約，是美國最大、最繁華的城市，位於哈德遜河注入大西洋的河口處，由曼哈頓、布朗士、布魯克林、皇后和史坦頓島5個區組成。紐約是全國最大的經濟中心，占有全國對外貿易額的1/5，在貿易的基礎上又發展為大工業中心，而工業和貿易則帶動了金融業的發展，使紐約成為美國和整個資本主義世界的金融和證券交易中心。同時紐約也是全國文化中心，這裡大學、博物館、音樂廳、公園等的數量和規模均居國內首位。哥倫比亞大學是世界最著名的私立大學之一，大都會藝術博物館是全美洲規模最大的一所博物館，高高聳立的自由女神像更是被視為紐約市的「路標」。此外，總長1,200公里的紐約港，優良的條件使紐約成為美國運輸業最發達的地區。至今，紐約仍保持著它在美國和世界上首屈一指的重要地位。

紐約常被人們稱為世界上最繁華的都市，而時代廣場則被稱為紐約最繁華的地方。

📖 Travel Smart

信仰 ｜ 內閣總統制

1. 美國56%的居民信奉基督教新教，28%信奉天主教，2%信奉猶太教，4%信奉其他宗教，不屬於任何教派的占10%。

2. 美國實行內閣總統制，總統是國家元首、政府首腦兼武裝部隊總司令。

芝加哥瀕臨密西根湖，也是美國最大的湖港，國內許多大宗貨物，如木材、機械和建築材料等都經五大湖運到芝加哥，再轉運到全國各地。

工業重鎮：芝加哥

芝加哥是美國第三大城市，也是五大湖區最大的工業中心。位於密西根湖的南端，城市沿濱湖平原向西、北、南展開。芝加哥是美國老牌的工業城市，工業部門的構成齊全而且多樣，重工業占優勢，輕工業也很發達，有全國最大的鋼鐵加工基地，農業機械、化學、飛機發動機等在全國也居於領先地位。市內的工業主要分布在芝加哥河南北，其中近城中心的盧普工業區為重要的輕工業區；市南的卡柳梅特工業區是以鋼鐵為主的重工業區，其衛星城加里有美國最大的鋼鐵聯合企業。此外，芝加哥的商業、金融業也很繁榮，芝加哥也是美國主要文化教育中心之一，芝加哥大學、西北大學等都是國內的著名學府。

天使之城：洛杉磯

洛杉磯是美國第二大城市，位於加利福尼亞州西南部，坐落在三面環山、一面濱海的開闊盆地中，多晴朗天氣，一年四季陽光明媚、氣候宜人，是一座美麗的海濱城市，而它源於西班牙語的名字正是「天使」之意，因此洛杉磯總是被人們讚美為「天使之城」。它既是美國西部最大的工業中心，也是美國太平洋沿岸最大的港口。城市受地形限制，大而分散，是一個特殊的城鎮群組合體，中心區位於城市東端，其東北即為城市的誕生地，還保留著濃厚的墨西哥色彩；城市中心區以西就是聞名於世的影視中心所在地：好萊塢。洛杉磯也是美國西部的文化和旅遊中心，有加州大學洛杉磯分校等著名高等學府；而格利菲斯公園、迪士尼遊樂園、陽光充足的海灘和濱海動物自然保護區等名勝，每年也吸引著數以千萬計的國內外遊客來此領略「天使之城」的美好風光。

洛杉磯的市區受地形限制，呈一種不規則的分布，由很多格局各異的小城區組成。

像金字塔一樣矗立在舊金山街頭的大廈。

海灣城市：舊金山

舊金山，又稱「三藩市」，位於加利福尼亞州的西北部，三面環海，是美國西海岸的中點。城市北臨金門海峽，占有優越的地理位置，海港恰居海岸山脈的豁口處，長長的半島形成它的天然屏障，所以人們又稱舊金山為美國的海灣城市。這裡剛歸屬美國時只是個不足千人的小鎮，1848年的淘金熱使舊金山奇蹟般崛起，成為美國西海岸三大城市之一。大市區由單一中心擴展為由舊金山、奧克蘭和聖何塞三大中心組成的城鎮群。城市經濟以服務業、商業和金融業為主，旅遊業興盛，是美國西部的金融中心。舉世聞名的金門大橋就橫跨在奧克蘭與舊金山之間的海灣上。

西海岸門戶：西雅圖

西雅圖是美國本土西北部的重要城市和海港，位於本土西北角，西臨與太平洋相通的皮吉特灣，東瀕華盛頓湖。早先曾是印第安人的定居地，城市就是以印第安酋長西雅圖的名字命名的。第二次世界大戰後西雅圖成為發達的工業城市，是美國主要的飛機製造中心之一、世界上最大的噴氣式民用客機製造公司波音公司總部所在地，有「波音之城」的稱號。西雅圖港是美國西海岸的主要海港，被稱為「通往阿拉斯加和遠東的門戶」，主要港區水深港寬，擁有現代化的碼頭、倉庫和裝卸設備，並有溝通皮吉特灣和華盛頓湖的運河，可供海輪通行。商業區緊鄰港區，有歌劇院、音樂廳、競技場等，其中高達185公尺、名為「宇宙針」的望塔被視為城市的標誌，奧林匹克國家公園和雷尼爾山國家公園都是著名的遊覽區。

進入20世紀後，西雅圖已迅速發展成為美國最重要的港口城市之一，享有「太平洋皇后城」的美譽。

紐奧良地處密西西比河的咽喉地帶,是美國重要的河海、海陸聯運中心。紐奧良連通洛杉磯、芝加哥、紐約等大城市。多座大橋跨越密西西比河兩岸。

歷史名城:費城

費城全稱「費拉德爾菲亞」,是美國第五大城市,也是美國的歷史名城。城市於1682年由英國移始建,「費拉德爾菲亞」的名字取自希臘語,意為「兄弟之愛」。到18世紀中葉,已發展為英國的美洲殖民地中最大的城市,在美國獨立戰爭時期地位極其重要。1774年～1775年的兩次大陸會議都在此召開,《獨立宣言》在這裡通過,1787年的制憲會議在這裡舉行並誕生了第一部聯邦憲法,1790年～1800年華盛頓特區建成前,曾是美國的首都。19世紀以來,費城的鐵路和港口發展都很迅速,至今仍是美國主要的經濟、交通、文化中心之一。

紐奧良

紐奧良位於路易斯安那州東南部,密西西比河畔。流經市區的密西西比河呈新月形彎曲,因此紐奧良也有「新月城」的別稱。紐奧良地處密西西比河三角洲,是密西西比河流域的出海門戶,與中、南美洲聯繫密切,運輸和貿易是城市的主要職能。同時這裡也是美國文化底蘊比較深厚的城市之一,1718年為法國人依照當年巴黎的風格所建,現代市區的老城「法國區」還依稀留存著歐洲古城風貌,以傑克遜廣場為中心,保留著許多早期法國、西班牙式建築,如聖路易斯教堂、烏蘇萊修道院、法國市場以及古老的公寓住宅等。西南部是著名的花園區,博本街的夜總會和皇家大街的古董店非常著名。紐奧良還是爵士音樂的誕生地,極富音樂傳統,有很多音樂團體和劇場等,一年一度具有法國傳統的懺悔火曜日盛況空前,使旅遊業成為在城市經濟中僅次於運輸業的行業。

「賭城」拉斯維加斯

拉斯維加斯是美國西部著名的旅遊城市，位於內華達州東南角，西南距洛杉磯166公里。拉斯維加斯地處大盆地內一塊寬廣的谷地中，氣候乾旱。1855年一些摩門教徒曾移居到此並設立了一個要塞，後來因其四周環境經濟價值不大而放棄。20世紀初期，內華達州政府想到了在這片貧瘠地帶以賭博發展經濟的辦法，1931年，該州正式以法律形式保護賭博業。

由於美國大多數州禁止賭博，拉斯維加斯的賭博業很快就興旺起來，迅速成為該市的主要經濟支柱，拉斯維加斯也以「賭城」的名字而聞名遐邇。有錢人來到這裡體驗揮金如土的快意，普通人則來此想要實現一夜暴富的夢想。這裡興盛的賭博業影響之大早已超出當時人們興建賭城時的設想，幾家大賭場發放的股票甚至進入了紐約證券交易所，儼然成為全國主要產業之一。各大投資銀行則不斷為這些賭場的擴大和翻修籌措資金，以期在這個巨大的銷金窟中得到加倍的回報。

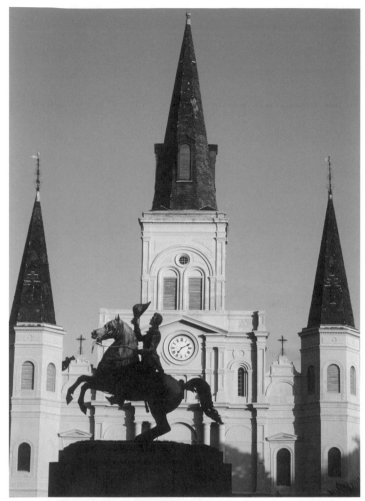

上 ｜ 紐奧良著名的聖路易斯大教堂，位於「法國區」中心的傑克遜廣場上，廣場前還豎立著傑克遜躍馬揮戈的銅像。

下 ｜ 充滿熱帶風情的夏威夷群島，原為波里尼西亞人的棲居地，1959年才正式成為美國的第50個州：夏威夷州。

舊金山的金門大橋修建時沒有採用
一般的拱鐵支撐，而是採用懸浮式
的建橋方案，被譽為近代橋梁工程
的一項奇蹟。

除了公路、鐵路和航空外，美國的水運也十分發達，2005年商用輪船註冊總噸位1,069.8萬噸。新澤西州的紐華克港是國內規模較大的港口之一。

💰 經濟

美國是一個經濟高度發達的資本主義大國，幅員遼闊，自然資源豐富。農業機械化程度很高，工業、服務業都有著齊全的門類和完善的體系，生產規模巨大，部門結構完整。具有高度發達的現代市場經濟，其勞動生產率、國內生產總值和對外貿易額均居世界首位，也有著比較完善的國家宏觀經濟調控體制，是世界經濟最發達的國家。

經濟發展歷程

獨立後的美國資本主義經濟發展迅速，僅僅經過100多年時間，便由一個農業國轉變成了工業國。到19世紀80年代，美國工業生產已經超過英國而躍居世界首位。進入20世紀後，經過兩次世界大戰，其他老牌資本主義國家的實力被大大削弱，美國卻在戰爭中聚集了大量財富。20世紀50年代～60年代是美國經濟發展的「黃金時期」，工業產量約占資本主義世界工業產量的一半以上。但是，這種狀況未能延續下去，20世紀70年代以來，戰爭的消耗、經濟危機的頻繁出現，加之日本、德國等的崛起，美國在世界經濟中的地位逐漸下降。進入20世紀80年代，新上任的雷根總統奉行以供應學派理論和貨幣主義為基礎的新經濟政策，之後的歷屆總統也均以這一政策為基礎，其間雖然經歷了幾次經濟危機，美國經濟仍大致保持了低速穩步增長的態勢。

工業

美國的工業門類齊全，生產能力巨大，以技術先進、資源豐富、勞動生產率高而著稱於世。按美國產業標準分類，工業包括採礦業、製造業、建築業和水、電、煤氣等部門的公用事業。採礦業以石油、天然氣、煤氣等燃料礦開採為主。製造業是工業的主體，其中重工業占絕對優勢，輕工業也很發達。鋼鐵工業、汽車工業與建築業一起，並稱為美國經濟的三大支柱。第二次世界大戰後，美國產業結構發生了改變，一系列新興工業部門，如電子、電腦、石油化工、原子能、宇航等發展迅速，在國民經濟中的地位日趨重要。主要的工業產品有汽車、航空設備、電腦、電子和通訊設備、鋼鐵、石油產品、化肥和水泥等。汽車工業和建築業仍是工業的主體、國民經濟的兩大支柱。2001年製造業就業人數1,769.7萬，建築業就業人數686.1萬。

頭腦靈活的美國商人常常能設計出各種別出心裁的小工藝品來打開市場，精緻的小自由女神像往往受到各國遊客們的青睞。

隨著科學技術日新月異的發展，美國許多現代化的工業已經走出了機器大工廠的時代。加利福尼亞州一家半導體工廠內，一位科研人員正在進行新技術的實驗。

工業的區域性布局

按照產業部門的不同，美國的工業大致可劃分為3個區域。美國的製造工業主要集中在東北部和中北部地方，西起密西西比河，東至大西洋沿岸，南起俄亥俄河和波托馬克河，北至五大湖區及新英格蘭郡，這一狹長的地帶僅占全國面積的8%，卻集中了鋼鐵、汽車、機械製造等部門的骨幹企業，全國一半以上的製造業都彙集於此，形成了著名的「製造業帶」，也被稱為美國的「經濟心臟地區」。第二次世界大戰結束後，特別是20世紀60年代以來，美國人口南移，西南部和南部得到了很好的開發，工業發展迅速，這裡集中的是煉油、石油化工、航空和宇航設備等工業部門，以及美國高科技工業的研究中心和企業群，被稱為「陽光地帶」。20世紀70年代第三次科技革命以來，美國的經濟重心正逐漸向這一「陽光地帶」移動，出現了加利福尼亞州西南岸、墨西哥灣沿岸等新興工業區，使這一地區在許多方面，尤其是高科技工業發展上已經超過了東北區。

農業

美國的農業是典型的現代化資本主義農業。美國自然資源豐富，國內有大片的平原地區，非常適合發展機械化農業。20世紀90年代以來，主要農畜產品如小麥、玉米、大豆、棉花、肉類等，產量都居資本主義世界第一位，糧食產量約占世界產量的1/5，是世界上最大的農產品生產國和出口國。雖然近年來農業在國民經濟中占比重日益減小，但高度發達的農業在整個國民經濟中仍然是一個規模巨大的生產部門。美國農業的基本生產單位是家庭農場，2000年全國有農場217萬個，其中大多數是占地較小的小型農場，而3/4的土地則集中在少數大農場主和特大農場主手中。美國20世紀50年代初就已基本實現農業現代化。近年來，隨著科學技術的迅速發展，生物學、遺傳學、化學的科技成果也被廣泛地應用到農業生產中，為現代化的農業創造了更高的勞動生產率。

位於新墨西哥州的大型射電望遠鏡，這些望遠鏡可以接收到來自幾千光年之外的資訊，是美國「外星智慧生物尋找計畫」重要的設備之一。

除了傳統的石油和煤炭能源外，美國
還特別重視開發和利用風力、水力等
新發電能源。加利福尼亞州依地勢之
利開發了一部分風力發電站，既節約
了能源，又兼有環保之利。

墨西哥 MEXICO

墨西哥位於北美洲南部，北鄰美國，南接瓜地馬拉和貝里斯，東臨墨西哥灣和加勒比海，西南瀕太平洋。海岸線長11,122公里，其中太平洋海岸7,828公里，墨西哥灣、加勒比海岸3,294公里。有300萬平方公里經濟專屬區和35.8萬平方公里大陸棚。著名的特萬特佩克地峽將北美洲和中美洲連成一片。墨西哥氣候複雜多樣，高原地區終年溫和，西北內陸為大陸性氣候，沿海和東半部平原屬熱帶氣候。

國家檔案

全名	墨西哥合眾國
面積	196.44萬平方公里
首都	墨西哥市
人口	1.275億（2016年）
民族	印歐混血種人及白人占總人口的90%，印第安人占總人口的10%
語言	官方語言為西班牙語
貨幣	墨西哥披索
主要城市	墨西哥市、瓜達拉哈拉、蒙特雷、布埃布拉、墨西卡里

墨西哥東臨墨西哥灣和加勒比海，海岸達3,294公里；西南瀕太平洋，海岸達7,828公里。

🌐 自然地理

墨西哥全國5/6為高地及山地。東、西、南三面為馬德雷山脈所環繞，內部為墨西哥高原，東南為猶加敦半島，沿海多狹長的平原。西馬德雷山脈由西北－東南走向的許多條平行山脈組成；東坡平緩，西坡陡峭，為內地高原與太平洋沿海平原的障壁；山地大部分為熔岩所覆蓋。東馬德雷山脈也呈西北－東南走向，北段為一褶皺山地；南段山勢抬升到3,000公尺以上，多火山和熔岩高原。

猶加敦半島

猶加敦半島是北美洲南部的半島，介於加勒比海與墨西哥灣之間，隔猶加敦海峽與古巴相望。包括墨西哥的猶加敦、坎佩切、金塔納羅奧3個州。猶加敦半島東西

猶加敦半島大多為第三紀石灰岩台地，岩溶地貌發育多漏斗狀落水洞。

寬約320公里，面積約19.76萬平方公里，海岸線1,100公里。半島地勢低平，由南向北緩傾。猶加敦半島是11世紀～13世紀的馬雅－托爾台文化的發源地之一，奇琴伊察、烏斯馬爾、馬雅潘及瓜地馬拉的蒂卡爾等均為考古旅遊勝地。

墨西哥高原

墨西哥高原北起墨西哥和美國邊境，東、西、南三面為馬德雷山脈所環繞，高原三面外側陡峭，而高原表面則十分寬廣、平坦。整個高原地勢由南向北逐漸傾斜。高原山地土壤肥沃而深厚，火山熔岩堵塞成一系列的湖泊，為農牧業的發展提供了灌溉水源。高原南部稱中央高原，這裡氣候溫和，雨量適中，是墨西哥的主要經濟區，也是人口最稠密的地區。

🏛 歷史文化

墨西哥是拉丁美洲著名的文明古國。從遠古時代起，墨西哥印第安人就創造了輝煌的奧爾梅克文、馬雅文化、托爾特克文化和阿茲特克文化，為全人類的文化發展做出了卓越的貢獻。燦爛的古代文明過後，墨西哥在1519年被西班牙殖民者入侵，此後遭異族統治長達3個世紀之久。最終墨西哥於1821年宣告獨立。現在的墨西哥發展迅速，古代輝煌的文明依然吸引著世人的目光，古代印第安人的文化也保留在現代墨西哥人的生活中，這代代相傳的風俗習慣與歐洲文化相融合，形成了墨西哥人的文化特色。

馬雅文化

馬雅文化是美洲印第安人文化的搖籃。是全世界最著名的古代文化之一，它對後來的托爾特克文化和阿茲特克文化都有很大的影響。馬雅人在猶加敦半島定居和馬雅文化的開始早在西元前3000年，這幾乎比羅馬帝國的建立早2,300年。遠在西元前2000年，馬雅人就已具有很高的文化，至西元前1000年左右，他們又發明了農業，在西元前後建立了城市國家。馬雅古國在此後的1,500年中又進一步的興旺發達。西元4世紀～9

迪奧狄華肯古城是哥倫布發現新大陸前，美洲的一個重要政治和宗教活動中心，光輝燦爛的印第安文化發源地之一。

托爾特克人喜歡在雕刻藝術中表現部落勇士的形象，圖拉城這兩排雕成男性人像的石柱就是其雕刻藝術的代表。

世紀馬雅文化達到了全盛時期。他們修建了金字塔和華麗的宮殿，經濟已發展到較高的水準。到西元10世紀，馬雅文化的中心移到猶加敦半島的北部，在這裡又很快地興起了奇琴伊查和烏斯馬爾城邦。馬雅文化在10世紀初期的50年間突然消失，至今這還是人類社會的未解之謎。11世紀後，從墨西哥高原南下的托爾特克人和馬雅人相融合，在猶加敦半島北部又復興了馬雅文化（即後期馬雅文化）。

迪奧狄華肯

迪奧狄華肯位於墨西哥首都墨西哥市東北53公里處，在一座草木叢生的小山後面，是一座遠古時代留下的建築遺址。沒有人能確定迪奧狄華肯是何人建於何時。16世紀時當西班牙人到達墨西哥時，在這裡生活的是尚處於石器時代的阿茲特克人，在阿茲特克人12世紀到達這裡時，迪奧狄華肯就是一座廢棄的但不失宏偉的空城。迪奧狄華肯的古老是肯定的，但更令人無法理解的是迪奧狄華肯的布局，城市似乎是嚴格按照事先做出的計畫設計建造的，其建築布局顯示出某種數學的精密，網格狀布局構成了清晰的幾何圖案。而為了不使格狀平行的街道被切斷，設計和建築者將河道改道，引入另一條運河。

這裡的廟宇和神殿似乎有某種神祕而有機的比例關係，北端的月亮金字塔和南端的太陽金字塔，分別是祭月亮神和太陽神的宗教建築。另外，此處所有建築都與太陽金字塔的方向嚴格一致，呼應著太陽在天上運行的軌跡。街道的坡度被設定為30°，每隔一定距離建6級台階和一個平台，從南向北望去，台階和平台隱沒在精確的坡度差中，看上去仍是一條緩慢升高的街道，街道上的台階與3,000公尺以外的月亮金字塔自然相連。在那個古老的年代，迪奧狄華肯的設計者是如何做到這樣一個精密的設計，至今仍是個未解之謎。

圖拉

圖拉距墨西哥市80公里，在迪奧狄華肯西北40公里處，曾是墨西哥托爾特克時期的宗教文化中心，也是托爾特克人的首都。8世紀～13世紀時，托爾特克人統治著墨西哥南部許多地方，並將其影響擴展到整個中美洲，圖拉城的鼎盛時期約在西元900年～1200年。托爾特克是一個遊牧民族，從10世紀中葉～12世紀中葉，托爾特克人統治墨西哥200年左

奇琴伊察古城內現存數百座建築物，是馬雅文化的著名遺址。城內最著名的是建於987年的庫若爾甘金字塔和武士神廟。

右。圖拉這座城市相對於中美洲其他城市的引人注目之處，並不在於它的古老，而是因為，它是中美洲一場正邪之戰的歷史發生地。球場是托爾特克人很有特色的一個建築。

托爾特克人在砌有高高石牆的球場內，進行一種具有宗教意味、以生死相賭的比賽。托爾特克人是一個好戰的民族，通過征戰，他們使迪奧狄華肯成為自己的領地。但是，在如何保衛和鞏固戰爭之後成果的問題上，托爾特克人內部發生了衝突，是堅持仁慈還是繼續殺戮，這種選擇使他們處於極度矛盾的狀態。他們對神靈的態度和理解也出現了矛盾，儘管他們相信將活人奉獻給神，就能得到神的寬容和保護，但是，部落內部有人對此提出質疑，一個名叫托比茲的首領試圖改革，以終止這種殘酷的祭祀方式。對立的觀念終於釀成一場空前的內部戰爭。

在墨西哥，到處可看見色彩鮮豔且富有濃郁民族風格的大型壁畫。

瓜達拉哈拉城內仍保留著西班牙式的建築，建於17世紀的劇場有著與眾不同的風格。

墨西哥菜

墨西哥的菜肴是在印第安傳統菜的基礎上，吸收西班牙烹飪技術不斷發展起來的，在美洲享有盛譽。墨西哥人喜食牛肉、雞、蛋及蔬菜，特別喜歡吃辣的食品。其主料是菜豆、辣椒和玉米。玉米是製作主食的原料，人們喜用玉米麵烤製薄餅食用。也用玉米麵包上用雞肉、乾酪末、土豆、辣椒、葫蘆花等製成的餡，經油炸做成形狀各異的風味小吃。用玉米葉或香蕉葉包玉米麵、及各種肉類輔料製成的多達100餘種的玉米粽子，更是墨西哥人民喜愛的家常食品。辣醬燉豬肉是墨西哥的正宗菜肴。當地稱辣醬為「莫菜」，是用辣椒粉、巧克力粉、桂皮粉、胡椒粉、玉米餅粉加多種調料配製而成，所燉製的豬、牛、雞肉，為各國遊客所稱道。宴會上的名菜是布埃布拉的辣醬燉火雞。

帕倫克古城及歷史公園

帕倫克古城及歷史公園，位於墨西哥東南的恰帕斯州首府圖斯特拉－古鐵雷斯東北150公里處。帕倫克古城遺址的歷史可上溯到西元前300年左右。600年～700年間，帕倫克古城的發展達到了最高峰。古城布局沿平緩的坡地自東向西展開，奧托羅姆河穿過城中心。帕倫克的主要建築是1座宮殿和5座神廟。帕倫克宮殿一角還有一座高聳的塔樓，塔樓共4層，高15公尺，是馬雅建築唯一的塔樓式建築。坐落在奧托羅姆河西岸的帕倫克神廟規模不大，但非常精巧。太陽神殿內壁上刻有146個馬雅象形文字，至今保存完整。銘文神廟是一座9層的金字塔，而馬雅考古史上最大的收穫就是：在銘文神廟底部的墓室中發現了巴加爾國王的石棺柩。

印第安每逢盛大的宗教節日，印第安人從貴族到平民，都以歌舞的形式進行拜神儀式。

墨西哥大教堂的建築風格以巴洛克式為主，由黑色玄武岩砌成。外觀古典而雄偉。

蒙特雷市街道規劃整齊，保留著很多具有西班牙特色的建築。

主要城市

墨西哥是世界著名的旅遊國家，由於有著旖旎的自然風光和獨特的文化背景，墨西哥的城市往往帶有一種特有的魅力。殖民時期留下的各種建築透出各種濃厚的異國情調，而本土奇異的文化又為這裡蒙上了一層神祕面紗。發展中的旅遊業又與其門類齊全的工農業相輔相成，使得墨西哥成為拉丁美洲經濟最為發達的國家之一。

墨西哥市

墨西哥的首都墨西哥市地處中央高原經濟發達地區的核心位置，是一個由市區和郊區共16個區組成的聯邦區，面積1,525平方公里，是全國最大的城市。連北郊12個城市管轄區在內，總稱為大墨西哥，是世界特大城市之一。墨西哥市是美洲的著名古城之一，是印第安部族的阿茲特克人所建，舊稱「特諾奇蒂特蘭」，意思是「特諾奇祭司所在地」。後來成為阿茲特克帝國的首都，在西班牙殖民者入侵前，這裡一度是西半球最大的城市。由於基礎良好，獨立後城市發展非常迅速，是全國最大的經濟中心，具有全國最完整的工業體系，製造業尤為突出。同時悠久的歷史也使這裡成為國內的文化中心，有考古學、歷史學、美術、民俗藝術等許多分類的博物館。而且城市中隨處可見各種題材、鮮豔奪目的壁畫，墨西哥市也因此被稱為「壁畫之都」。

瓜達拉哈拉

瓜達拉哈拉是墨西哥第二大城市，也是西部地區最大的城市，位於墨西哥西南部的格蘭德河畔。瓜達拉哈拉也有著悠久的歷史，始建於1531年，於1542年正式建成。原為古老的陶瓷業中心和農牧業產品集散地，獨立前發展緩慢。從20世紀50年代起，作為首都墨西哥市與西北太平洋沿岸及美國之間

墨西哥市規模宏大，繁華的起義者大街縱貫全城南北，寬闊的改革大道從市中心向西伸展，市內交通十分方便。

在16世紀西班牙人入侵前，布埃布拉是一座有著10萬人口的宗教祭祀中心，這裡至今留有阿茲特克人的遺跡。

的交通紐帶，這裡工業發展迅速，現在已成為墨西哥西部的工商業和金融中心。太平洋鐵路和泛美公路均經過此地。城市至今仍保留著西班牙式的建築風格。氣候溫潤，景色宜人，自古就被譽為「西方的珍珠」，是墨西哥最美的城市之一。城內花木繁盛，有50多座風格各異的古老教堂，均為18世紀前所建，充分體現了當時的建築風格和時代特色。此外，這裡的音樂非常盛行，誕生於此的「流浪樂隊」馳名世界，也為這個城市博得「音樂之鄉」的美名。

塔斯科

塔斯科位於墨西哥市西南約185公里處，因為盛產白銀，而被世人稱為「世界銀都」。1524年，西班牙殖民者來到塔斯科，開始大規模開採銀、銅等金屬。16世紀末，塔斯科出產的白銀傳

到歐洲，塔斯科因此聞名。塔斯科市有1.6萬多家銀飾品店，幾乎家家都開店，遊客既可以買到精巧便宜的首飾，也可以買到價格昂貴、獲過大獎的高檔品收藏。塔斯科市街道古老、狹窄，沒有人行道，有的道路傾斜度達50度，在這裡開車不僅需要技術，更要敢於冒險。

瓜達拉哈拉城內有50多座18世紀前建立的教堂，充分顯現當時的建築風格。

貝里斯 *BELIZE*

貝里斯位於中美洲西北部，北和西北與墨西哥接壤，西和西南與瓜地馬拉毗鄰，東瀕加勒比海。海岸線長386公里。全境屬於熱帶雨林氣候，年平均氣溫25℃～27℃。貝里斯原為馬雅人居住地，16世紀初淪為西班牙殖民地。1638年英國殖民者入侵。1862年英國正式宣布其為英國殖民地，改名為英屬宏都拉斯。1973年6月改為貝里斯。貝里斯在1981年9月21日獨立，為大英國協成員國。

國家檔案

全名	貝里斯
面積	2.30萬平方公里
首都	貝爾墨邦
人口	35.3萬（2016年）
民族	混血種人占44.1%，其次還有克里奧爾印第安人、馬雅人等
語言	官方語言為英語，近半數居民通用西班牙語或克里奧爾語
貨幣	貝里斯幣
主要城市	貝爾墨邦、貝里斯市

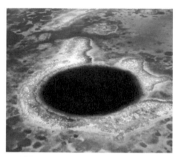

在冰河時期，貝里斯海底形成了許多巨大的空洞，隨著時間的推移，洞頂坍塌，形成了深過百公尺的「藍洞」。

新建首都：貝爾墨邦

貝爾墨邦位於國土中心，地勢呈波浪形，是世界上最小的都市之一。由於原首府貝里斯市在1961年遭颶風及洪水嚴重破壞，故於1970年遷都於此。貝爾墨邦依山傍水，風景秀麗，具有古代的馬雅風格。城的東南是高聳的馬雅山脈，宛如天然屏障，擋住了加勒比海刮來的颶風。離城不遠，是全國最大的貝里斯河，由西向東入海。市區中央是行政區，西部為工業區，東部是住宅區。全國主要的交通公路洪明比德幹線和西部公路在這裡交匯，構成四通八達的交通網。新建的議會大廈已向公眾開放。近年來建設步伐加快，新建有電影院、機場等城市設施。

山地沼澤之國

貝里斯境內多山地、沼澤和熱帶叢林。地形可分為南北兩個部分。北半部為海拔60公尺以下的石灰岩低地，沼澤廣布，有貝里斯河、翁多河和紐河經過。沿海平原寬約24公里。近海有世界第二大堡礁。南部地形以石灰岩為主構成的馬雅山脈為主體，山脈呈西南 —— 東北走向，起伏不平的石灰岩山地上覆蓋著濃密的熱帶叢林。科克斯姆山的維多利亞峰是全國的最高山峰，海拔1,122公尺。

海岸城市：貝里斯市

貝里斯市是全國最大的城市，原為貝里斯首都，已有100多年的歷史。貝里斯市位於加勒比海岸，為貝里斯河的入海口。1961年10月，「海蒂」颶風登陸，引起巨大海嘯，整個城市淹沒水中達數天之久，迫使政府下定決心遷都貝爾墨邦，以避免再次遭到災難性颶風的襲擊。雖然這裡不再是首都，但該城依然是全國經濟和文化中心。貝里斯20%的人口居住在此地。

宏都拉斯

HONDURAS
República de Honduras

宏都拉斯位於中美洲西北部，北臨加勒比海，南瀕太平洋的豐塞卡灣，東、南同尼加拉瓜和薩爾瓦多交界，西與瓜地馬拉接壤。海岸線長1,033公里。沿海屬熱帶雨林氣候，年平均氣溫31℃，中部山區涼爽乾燥。宏都拉斯原為土著印第安人的居住地，16世紀淪為西班牙殖民地。1821年9月15日獨立。1823年加入中美洲聯邦。1838年聯邦解體後成立共和國。

國家檔案

全名	**宏都拉斯共和國**
面積	11.25萬平方公里
首都	德古西加巴
人口	911.3萬（2016年）
民族	印歐混血種人占83%，印第安人占10%，黑人占5%，白人占2%
語言	官方語言為西班牙語
貨幣	倫皮拉
主要城市	德古西加巴、聖佩德羅蘇拉、科馬亞瓜

德古西加巴坐落在宏都拉斯南部群山環抱的峽谷之中。

德古西加巴是全國的政治、經濟、文化的中心。工業以農牧產品加工為主。城市建設發展迅速，有宏都拉斯銀行、中央大學、國民劇院、造紙廠等等。市中心廣場中央為莫拉桑公園。公園周圍有中央政府大廈、國家博物館和聖木格爾大教堂。這些建築物包括市內居民住宅，都保留了殖民時代西班牙式的建築風格。德古西加巴的交通運輸仍不發達。它是世界上少有的幾個沒有鐵路的首都之一。它與全國各地的聯繫，主要借助於公路和空運。市郊的托孔廷機場是全國最大的機場，擔負較大的空運工作。

銀山：德古西加巴

德古西加巴是宏都拉斯的首都和全國最大城市，海拔975公尺，坐落在宏都拉斯南部群山環抱的峽谷之中。該市在16世紀以前，只是印第安人的村落。1578年，西班牙人在它的附近發現了儲量豐富的銀礦，於是這個昔日名不見經傳的小村鎮很快發展為大城市。1880年10月30日正式被定為首都。

瓜地馬拉

GUATEMALA
República de Guatemala

瓜地馬拉位於中美洲西北部，西部和北部與墨西哥毗鄰、東北與貝里斯交界、東南與宏都拉斯和薩爾瓦多接壤，東臨加勒比海的宏都拉斯灣，南瀕太平洋。海岸線長約500公里。全境以熱帶雨林氣候為主，南部山地屬副熱帶氣候。瓜地馬拉的生態環境、考古和人文景觀是其重要的旅遊資源。瓜地馬拉是古代印第安人馬雅文化中心之一，1524年淪為西班牙殖民地。1821年9月15日宣布獨立。1823年加入中美洲聯邦。1839年建立共和國。

國家檔案

全名	瓜地馬拉共和國
面積	10.89萬平方公里
首都	瓜地馬拉市
人口	1,651萬（2016年）
民族	土著印第安人占43%，其餘為印歐混血人種和歐洲移民後裔
語言	官方語言為西班牙語，另外有馬雅語、基切語等23種土語
貨幣	格查爾
主要城市	瓜地馬拉市

瓜地馬拉是馬雅文明養育的國家，大霧中隱約可見的馬雅遺址，似乎在述說著一個傳奇。

沿岸平原，土地肥沃，是主要農業區。北半部為佩滕低地，約占國土面積的1/3，海拔150公尺～210公尺，屬猶加敦半島的一部分，廣布岩溶地貌，缺乏地表徑流，但森林密布，為主要的林區。境內火山湖廣布，面積最大的阿蒂蘭特湖，風光綺麗，為著名旅遊區。

風格各異的地貌

瓜地馬拉南半部地形以山地高原為主，約占國土面積的2/3。從墨西哥伸入境內兩支東西走向山脈，北支為庫丘曼塔內斯山脈，主要由石灰岩構成；南支馬德雷山脈，山勢更為高峻。山地南部綿延著一條與太平洋海岸平行的火山帶，聳立著30多座火山。其中塔胡莫爾科火山海拔4,220公尺，為中美洲最高峰。山間盆地和東西向的莫塔瓜河谷地，以及寬約30公里～50公里的太平洋

馬雅文明養育的國家

瓜地馬拉在歷史上是古代印第安馬雅文化中心之一，社會經濟曾達到較高水準。馬雅文化是美洲文明的源泉。馬雅人擁有較高的科學水準，在天文學方面，馬雅

瓜地馬拉的民族服飾富有變化、美觀大方。印第安婦女的主要服裝是花布長褲和有鮮豔刺繡短上衣，花布均為手工織成。

人能相當準確地預測日食和月食，而且能測出金星的公轉週期。馬雅人在西元之初就制定了馬雅曆法，至今瓜地馬拉的印第安人仍沿用馬雅曆法。西元初馬雅人在佩騰伊察湖東北部建立了若干個城邦。位於瓜地馬拉西北部的蒂卡爾是現已發現的歷史最久、規模最大的馬雅古城之一。蒂卡爾文化存在的時期正好是馬雅文化的興盛時期。直到歐洲人發現美洲時，中美洲最發達的印第安民族之一：基切人，已經在瓜地馬拉境內居住。

常春之城：瓜地馬拉市

在一場嚴重的地震毀壞了殖民地首府安地卡之後，於1776年建立起來的瓜地馬拉市便成為西班牙美洲殖民地瓜地馬拉總督轄區的首府。瓜地馬拉市坐落在南部火山區高原上，海拔1,500公尺。這裡雖處熱帶，氣候卻異常溫和，終年鮮花盛開、季節變化小，故有「常春之城」的美名。瓜地馬拉市是中美洲地區的最大城市，始建於1524年，後為西班牙殖民者首府。由於位置靠近火山帶，曾遭受3次大地震破壞。地震毀壞了殖民時期的建築物。經過多次修整之後，現在的瓜地馬拉市已相當現代化了。市內整齊而寬闊的大道互相成直角，縱橫交錯。為了防止地震，除政府機關外，市內很少能看到高大的建築物。

蒂卡爾古城

印第安馬雅人古城遺址蒂卡爾，位於瓜地馬拉東北部佩滕伊察湖畔的叢林中，這座宏偉壯觀的古城遺址被一望無際的茂密叢林所包圍，它的歷史可以追溯到西元前10000年。這座經歷了馬雅文明黃金時代的都城，後來逐漸衰落，以致最終被遺棄，其原因至今還是未解之謎。最令人嘆絕的是6座傲然聳立的金字塔，石灰岩構築的正方形塔頂平台上各有一座小廟，人們可拾級而上，到達塔頂。北面是衛城神廟建築群，16座仍然存在的廟宇，矗立在埋葬著無數早期建築遺跡的地方。考古發現證明，蒂卡爾的金字塔神廟也用作君王和貴族的墓地。這些墓地中通常有許多華麗的陪葬品，包括大批雕塑、玉器、首飾、陶器等手工藝品。

農業在瓜地馬拉的國民經濟中占有重要地位，全國有一半人口從事農業生產。

瓜地馬拉市屢遭地震破壞，經多次重建後的城市已經相當現代化，但是為了防止地震，市內很少能看到高大的建築物，少有的幾座高大建築都是政府機關。

薩爾瓦多

SALVADOR
El Salvador

薩爾瓦多位於中美洲西北部，東北部和西北部分別與宏都拉斯和瓜地馬拉接壤，南瀕太平洋。海岸線長256公里。除南部沿岸為狹長平原外，其餘為山地高原。境內多火山，被稱為「火山之國」。沿海和低地氣候濕熱，山地氣候涼爽，氣溫在17℃～25℃。薩爾瓦多原為印第安人居住地，是古代馬雅文化發祥地之一，1524年淪為西班牙殖民地。1821年9月15日獨立。1823年加入中美洲聯邦。1841年2月18日宣布成立共和國。

國家檔案

全名	薩爾瓦多共和國
面積	2.07萬平方公里
首都	聖薩爾瓦多
人口	634.5萬（2016年）
民族	印歐混血人種占89%，印第安人占10%，白人1%
語言	官方語言為西班牙語，土著語言有納華語
貨幣	美元
主要城市	聖薩爾瓦多、聖安娜

耶誕節是薩爾瓦多傳統節日，人們那天身穿盛裝在街頭慶祝狂歡。

伊薩爾科火山

伊薩爾科火山位於西南部松索納特省，距省會8公里，海拔1,800公尺。自從1770年開始噴發以來，一直未斷，每次噴發間隔2分鐘～10分鐘。火山噴發時的大量蒸氣熔岩和火山灰高達300公尺，火光耀眼。伊薩爾科火山成了太平洋航行的船員獨特的天然信號塔，有「太平洋的燈塔」之稱。船員們從很遠的地方就能見到它。這裡也是觀光者流連忘返的景點。

首都聖薩爾瓦多

聖薩爾瓦多位於薩爾瓦多中部高原風景秀麗的拉斯阿馬卡斯峽谷中。聖薩爾瓦多城在1525年由西班牙殖民者建立，先後成為庫斯卡特蘭殖民者的統治中心、和瓜地馬拉都督府薩爾瓦多省的省會。1841年薩爾瓦多共和國建立，成為共和國的首都。聖薩爾瓦多是一座美麗的城市。它海拔698公尺，氣候溫暖濕潤，一年四季綠草如茵。精心修建的城區、寬闊筆直的林蔭大道縱橫交錯，五彩繽紛的花園將城市裝點得分外迷人。

旅遊業

薩爾瓦多是古代馬雅文化發祥地之一。這裡有豐富的旅遊資源，壯觀的火山、美麗的高原湖泊、太平洋沿岸的海濱浴場和富有詩情畫意的咖啡園景色，是薩爾瓦多獨特的資源。另外，印第安人的村落也是遊人常去的旅遊景點。伊洛潘戈湖是薩爾瓦多的第一大湖，它坐落在群山環抱、景色宜人的高原地帶。湖中波光粼粼，吸引了大量的遊客，是著名的旅遊勝地。

尼加拉瓜

NICARAGUA

República de Nicaragua

尼加拉瓜位於中美洲地區中部，北界宏都拉斯，南接哥斯大黎加，東臨加勒比海，西瀕太平洋。海岸線長約820公里。屬於熱帶雨林氣候，1月～5月為旱季，6月～12月為雨季。年平均氣溫25.5℃。與中美洲的其他國家一樣，尼加拉瓜早期居民為印第安人。1502年哥倫布航行到達這裡。1524年淪為西班牙殖民地。1821年9月15日宣告獨立。1823年加入中美洲聯邦。1839年建立共和國。

尼加拉瓜中部為高原，多活火山。馬納瓜湖北岸的莫莫通博火山，有「太平洋的燈塔」之稱。

三大自然區

尼加拉瓜全境分為3個地形區，包括太平洋沿岸低地、加勒比海沿岸低地、中部高原和山地。中部高原和山地多為活火山，約占總面積的1/3，以伊薩貝利亞山脈和科隆山脈為主體，山峰海拔一般在900公尺～1,500公尺；東部是沿加勒比海的莫斯基托海岸平原，地勢低平，多叢林沼澤，為熱帶雨林氣候。第三個地形區是太平洋沿岸低地，從豐塞卡灣到哥斯大黎加國境，寬70公里～100公里，多火山和湖泊。尼加拉瓜湖面積8,346平方公里，因火山噴出物堵塞海灣出口而成，是中美洲最大的湖泊。馬納瓜湖面積1,049平方公里，湖中有火山島。

首都馬納瓜

馬納瓜（又譯「馬拿瓜」）是全國最大城市，位於馬納瓜湖東南岸，於1855年定為首都。1931年毀於地震和大火。1972年又遭大地震破壞，歷經磨難的馬納瓜，幾經毀滅與重建。現在是中美洲較為著名的現代化城市。馬納瓜是全國政治、經濟、文化和交通中心，擁有兩座設備完善的機場，泛美高速公路由此通過。馬納瓜位於典型的火山帶上，地震頻繁，有「地震之都」之稱。馬納瓜市區布局呈棋盤形，中央大道縱貫南北。城北為工業區，城南、西南為居民區及新商業區，老商業區在總統府附近。城市西南郊有著名的阿考林克古人類遺跡。

國家檔案

全名	尼加拉瓜共和國
面積	12.14萬平方公里
首都	馬納瓜
人口	1,615萬（2016年）
民族	印歐混血人種占69%，白人17%，黑人9%，印第安人5%
語言	官方語言為西班牙語，在大西洋沿岸也通用蘇莫語、米斯基托語和英語
貨幣	科多巴
主要城市	馬納瓜、萊昂、格拉納達

尼加拉瓜富有民族特色的長統靴。

美洲

巴拿馬

PANAMA
República de Panamá

巴拿馬位於中美洲地峽，東連哥倫比亞，南瀕太平洋，西接哥斯大黎加，北臨加勒比海。連接中美洲和南美洲，巴拿馬運河從南至北溝通大西洋和太平洋，海岸線長2,988公里。接近赤道，大部分屬熱帶雨林性氣候，年平均氣溫23℃～27℃。山地南坡及太平洋沿岸區全年分旱雨兩季，雨季降水豐沛。巴拿馬在1501年淪為西班牙殖民地，1821年成為大哥倫比亞共和國的一部分。1903年在美國的支持下，脫離哥倫比亞獨立。

國家檔案

全名	**巴拿馬共和國**
面積	7.55萬平方公里
首都	巴拿馬市
人口	403.4萬（2016年）
民族	印歐混血人種占65%黑人13%，白人11%，印第安人10%
語言	西班牙語為官方語言
貨幣	巴爾波
主要城市	巴拿馬市、科隆

以高原山地為主的地形

巴拿馬地處科迪勒拉山系中段，地形以高原山地為主，境內山巒起伏，溝谷縱橫，南北沿海有狹窄平原。海拔700公尺以下地區占國土面積的87%，700公尺～1,500公尺以上地區占10%，塔瓦薩拉山橫貫西部，海拔約1,000公尺～3,000公尺，全國最高峰奇里基火山海拔3,475公尺。山勢由西向東漸降，山間有高原、盆地。東部有聖布拉斯山和達連山。東西部山脈在中部地峽最窄處相會，成為太平洋和加勒比海的分水嶺，海拔僅84公尺。最大的海灣為太平洋岸的巴拿馬灣，其西側是全國最大的半島阿蘇埃羅半島。

巴拿馬運河

巴拿馬運河是溝通大西洋和太平洋的著名國際航運水道，位於中美洲巴拿馬共和國中部。北起加勒比海利蒙灣的克里斯托瓦爾，南至太平洋巴拿馬海灣的巴爾博亞海茨。長68公里，加上兩端海灣中深水航道，全長81.8公里，寬152～304公里，水深13.5～26.5公尺。巴拿馬運河就是地處巴拿馬地峽最狹窄的地段。因塔瓦薩拉山和聖布拉斯山之間有缺口，北有注入加勒比海的查格雷斯河，南有注入太平洋的格蘭德河。

巴拿馬運河就是利用這些有利條件，鑿通兩山之間的缺口而建成的。因地峽

巴拿馬運河是溝通太平洋和大西洋的主要航運通道。

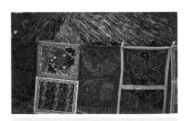

巴拿馬人刺繡的手工藝品，上面有巨嘴鳥及其他當地動物的圖案。

巴拿馬當地婦女的服飾以印花連衣裙最為普遍，一半以上的婦女擅長傳統的刺繡工藝。

與海面存在高差，在南、北出入口處各設3道水閘，以調節水位，為水閘式運河。巴拿馬運河的建成大大縮短了太平洋與大西洋之間的航程，方便了拉丁美洲東海岸與西海岸以及與亞洲、大洋洲的聯繫，具有重要的經濟和戰略意義。如從大西洋沿岸的紐約到太平洋沿岸的三藩市，不經南美洲的麥哲倫海峽可縮短12,579公里的航程。又如從紐約到日本橫濱，可縮短5,354公里。由於運河不能適應大型船舶和快速運輸的需要，巴拿馬政府計畫修建兩大洋之間的新運河。

獨具魅力的民族衣著

巴拿馬當地農民的傳統服裝是薄料子做的閉領長襯衣，最常見的帽子是用彩色禾稈編織而成、帶有黑色條紋或飾有花紋的草帽。婦女服裝則以普通印花布連衣裙最為普遍。男子的老式民族服飾以一種敞著穿、飾有垂纓的繡花長襯衣和飾有刺繡的短褲為主，婦女則穿著寬大的花裙子，繡花的薄紗短衫，有披肩和草帽。無論男女，都在肩上掛一個用植物纖維做的掛包，當地人稱之為「恰卡拉」。

古老的風俗

在印第安部落中保存著一些古老的風俗。產婦臨產前會被幾位年歲相近的產婆帶到遠離村落的一間小屋中，然後橫躺在吊床上進行生產。嬰兒剛一降生便被放入盛滿海水的獨木舟，接受海水的洗浴。等到兒童長到9歲時，需要到森林裡度過一段時間，訓練兒童的各種

巴拿馬市高樓林立，顯示出強烈的現代化氣息。

生存技巧，磨練兒童的生活意志。此後，才可以戴上面具，在身體上塗上各種顏色，以表明自己作為一名能夠獨當一面的男子，應享有一定的職權並享受族人的尊敬。少女則由雙親或首領簽訂買賣契約，以一定的價錢賣到男方家中。

巴拿馬市

巴拿馬市是巴拿馬首都，全國最大的城市。位於兩大洲和兩大洋的交接點，以「兩洲兩洋之城」聞名於世。巴拿馬市原為印第安人漁村，1519年建城，1671年被英國海盜燒毀，1674年於距原址西8公里處重建，1903年起成為首都，後來隨著巴拿馬運河的通航而發展。巴拿馬市是全國的經濟中心，市區工商業主要為運河區發展需要服務。城市分古城、老城和新城三部分。古城在1671年被大火焚毀，現已闢為旅遊地和高級住宅區。老城在古城以西，建築具有典型的西班牙風格，是行政和文化區。

在古城和老城的接合部，蓋起了成片的現代化高層樓群和各種文化娛樂設施，從而形成與古城和老城風格迥異的巴拿馬「新城」。新城從一開始就具有強烈的現代氣息：商業區不斷擴展，金融中心迅速形成，鬧市區人群熙熙攘攘，高速公路車輛川流不息。泛美公路、巴拿馬運河、兩洋鐵路、兩洋公路、泛美航空中心，以及飛架在運河之上的美洲大橋，使巴拿馬市四通八達，同時也為巴拿馬市構築了一座現代化國際大都市全面發展的立體框架。

全國第二大城：科隆

科隆是巴拿馬中北部港口城市，全國第二大城市，位於巴拿馬運河北口。始建於1850年，隨巴拿馬鐵路的鋪設和運河的通航而興起，其居民多為開鑿運河的黑人勞工的後裔。港口設施多建在克里斯托瓦爾，水深12.19公尺，可供巨輪停泊。在科隆還建立了世界第二大自由貿易區：科隆自由貿易區，有120多個國家和地區在此開設了360多家公司和20多家國外銀行。區內商品應有盡有，以價格競爭為主，品質

巴拿馬的軍事要塞一般都是殖民時期的建築。

為次。進出口商品不徵稅，
商品可自由運輸。科隆也是
巴拿馬鐵路和橫貫地峽公路
的北部終點站。

波托韋約和聖洛倫索防禦工事

波托韋約和聖洛倫索防
禦工事位於巴拿馬北部的
科隆省，是殖民時期軍事
工程的傑出代表。1502年
11月，哥倫布在他第四次
也是最後一次尋找黃金國
的海上旅行中，曾在波托
韋約海灣躲避加勒比海颶
風。100年之後，得天獨厚
的地理位置使它成為西班牙
美洲殖民地的重要貿易中
心。波托韋約和聖洛倫索防
禦工事建在波托韋約熱帶雨
林中，包括一系列環海灣而
建的城堡。建於17世紀的
聖菲力浦‧德托多費葉羅，
守衛著海灣的人口；還有聳
立在海角上的聖赫羅尼莫。
波托韋約將整個城市變成了
一個巨大的市場，來自西班
牙的貨物同新大陸的財富在
這裡交換。1596年1月，臭
名昭著的海盜法蘭西斯‧德
雷克試圖攻占波托韋約未得
逞。1793年，英國海軍上將
愛德華‧弗農只帶了六條船
便占領了這座已經破敗的城
市，不久之後，西班牙結束
了波托韋約的貿易壟斷，放
寬了殖民地貿易。波托韋約
的重要性逐漸減小，慢慢被
人們遺忘。

每年大齋期之前，巴拿馬當地人都會裝扮成各種神祕的角色，在大街上
載歌載舞。

巴拿馬人的頭飾，最常見的是一種用彩色禾稈編織而成、帶有黑色條紋
或飾有花紋的草帽。

165

哥斯大黎加

COSTA RICA
República de Costa Rica

哥斯大黎加位於中美洲南部，東臨加勒比海，西瀕太平洋，北接尼加拉瓜，東南與巴拿馬毗鄰。海岸線長1,200公里。地處熱帶，氣候炎熱，乾濕季分明，高原地區氣溫為23℃～26℃，沿海地區氣溫為29℃～36℃。地勢中部高，兩側低。哥斯大黎加原為印第安人居住地，1564年淪為西班牙殖民地。1821年9月15日宣布獨立。1823年加入中美洲聯邦。1848年8月30日成立共和國。哥斯大黎加的經濟發展水準在中美洲各國中名列前茅。鋁礬土、鐵、煤、森林等自然資源豐富。外貿、旅遊和服務業增幅較快。2002年新政府出台財政整頓計畫和經濟復興計畫。

聖約瑟市區內既有現代化的樓群也有古老的建築，在鮮花綠樹的掩映下顯得十分和諧。國家劇院就是一座古老的殖民建築。

國家檔案

全名	哥斯大黎加共和國
面積	5.11萬平方公里
首都	聖約瑟市
人口	485.7萬（2016年）
民族	白人和印歐混血人種占95%，黑人占3%。印第安人2.4萬，華僑、華人約有5萬
語言	官方語言為西班牙語
貨幣	哥隆
主要城市	聖約瑟市、利蒙、蓬塔雷納斯

拉米斯塔德國家公園

拉米斯塔德國家公園為哥斯大黎加和巴拿馬兩個國家共有的世界自然遺產。在哥斯大黎加一邊為自然保護區群，在巴拿馬一邊是國家公園，雙方均以保護跨越國境、面積廣闊的熱帶雨林為目標。拉米斯塔德在哥斯大黎加境內的面積約3,584平方公里，在巴拿馬境內的面積為2,070平方公里。兩地相連，總面積5,654平方公里，是美洲最大的熱帶雨林自然保護區之一。現在大約有1萬名印第安人生活在保護區內，過著原始生活。公園從海岸地區到海拔3,819公尺的大奇里波山，地形複雜，為各種植物的生存提供了良好的環境。

中部高地

中部高地面積約占國土面積的2/5，自西北向東南縱貫全境。北段瓜納卡斯特山脈是中美洲火山帶的一部分，聳立著一系列火山錐；南段的塔拉曼卡山脈為一高大的花崗岩山塊，其中大奇

印第安人的傳統手工藝品色彩鮮豔，很受人們的歡迎。

里波山海拔3,819公尺，是全國最高點。介於南、北山地之間的是中央高原，由兩個構造盆地組成，東部為卡塔戈盆地，西部為聖約瑟盆地，地面堆積火山噴出物，地勢較高，土地肥沃，氣候溫暖，是全國人口集中，經濟最發達的地區。

太平洋沿岸低地

太平洋沿岸低地約占國土面積的2/5，由一系列斷層造成的地塹和地壘組成。地塹有西北部的瓜納卡斯特低地、尼科亞灣和杜爾塞灣及其鄰近衝擊低地；地壘則包括尼科亞半島、奧薩半島和布里卡半島等，呈鋸齒狀海岸。氣候炎熱，乾濕季分明，年降水量低地1,500毫米左右，高地可達2,000毫米～3,000毫米，適宜發展香蕉等熱帶經濟作物。西北部較乾旱地帶為農業區。

美洲的花園：聖約瑟市

聖約瑟市是哥斯大黎加的首都和最大的城市，位於海拔1,200多公尺的中部地區。市區內既有現代化的樓群，也有古老的建築，在鮮花綠樹的掩映下顯得十分和諧。街道兩旁種植著金合歡等樹木，使聖約瑟市成為名副其實的「美麗的花園」。連接加勒比海岸的利蒙、和太平洋海岸的蓬塔雷納斯的鐵路，與泛美高速公路在聖約瑟市交會，其市區附近還有機場，因此聖約瑟市是交通要衝。近幾年，隨著工業的發展，高級商品如汽車、彩電及電冰箱的裝配線相繼建成，產品不僅能供給國內，還銷往中美洲各國。

國民經濟的基礎
農牧業

農牧業歷來是哥斯大黎加的經濟基礎，差不多占國民生產總值的40%。花卉、水果、魚蝦等非傳統產品已經進入國際市場。2002年鳳梨出口居世界第一，香瓜出口居世界第三。哥斯大黎加咖啡產量的90%出口到英、美、德等40多個國家。香蕉產品幾乎全部銷往國外。

哥斯大黎加物種資源十分豐富。生物物種占世界物種的5%，其中蝴蝶2,000多種。

波阿斯火山頂上有一個噴泉，是世界上最大最高的噴泉。氣溫或濕度的細微變化都會使噴火口噴射蒸氣，雲霧繚繞，使火山充滿了神祕的氣息。

巴哈馬  *BAHAMAS*

巴哈馬位於美國佛羅里達州東南海岸對面，古巴的北側。群島由西北向東南延伸，長1,220公里，寬96公里，由700多個島嶼及2,400多個珊瑚礁組成。全境屬於熱帶海洋性氣候，全年溫和，年平均氣溫23.5℃。1492年，哥倫布到達巴哈馬群島中部的聖薩爾瓦多島（華特林島）。1717年英國宣布巴哈馬群島為其殖民地。1783年正式確定其為英屬地。1964年1月實行內部自治。1973年7月10日獨立，為大英國協成員國。

國家檔案

全名	巴哈馬聯邦
面積	陸地面積1.39萬平方公里；國土總面積（含水域）25.9萬平方公里
首都	拿索
人口	39.12萬（2016年）
民族	黑人占85%，白人占12%，其餘3%為亞裔或西班牙裔
語言	官方語言為英語
貨幣	巴哈馬幣
主要城市	拿索

由於巴哈馬地處熱帶，北迴歸線橫貫中部，有暖流環繞島的四周，所以氣候溫和，有「六月之島」之稱。

聖薩爾瓦多島

聖薩爾瓦多島是巴哈馬聯邦中部的一個小島、著名的遊覽勝地，又稱華特林島。當地印第安人稱之為「瓜納哈尼」。島長21公里，寬8公里，面積155平方公里，西北距美國甘酒迪角560公里。是哥倫布1492年10月12日登上美洲的第一塊陸地。上岸後，全體船員跪倒在地，高呼聖薩爾瓦多，意為「救世主」。島上地勢低平，多湖泊，溪水盈谷，風光綺麗。沿岸海水清澈見底，各種生物一覽無餘。島上居民不過千人，他們備有18世紀式樣的馬車供遊客環島觀賞。島上有哥倫布第一次登陸紀念碑。

首都拿索

巴哈馬首都拿索位於新普羅維登斯島北岸，是美洲著名的旅遊城市。該城始建於17世紀60年代，初名查理斯敦。在當時是海盜的基地，1690年改為現名。拿索是一個天然良港，港內水深12公尺，港外有帕拉大衛島遮罩風浪。氣候溫和宜人，沿海沙灘景色優美，海水清澈，再加上其靠近北美大陸的有利地理位置，拿索逐漸發展成為一個四季遊人不斷的旅遊城市。舊市區仍保留

有殖民時期的著名碉堡和古老建築,海灣大街是商業中心。隨著旅遊業的發展,拿索市區不斷向東郊和西郊擴展。西至德拉波特角,東至東端角,沿海所興建的豪華旅館、飯店、俱樂部、私人別墅和高級住宅區,已與市區連成一體。市中心為羅森廣場,廣場周圍建有聯邦議會、政府和立法機關大樓。

在拿索南部的菲茨威廉山上矗立著宏偉壯觀的總督宮,總督宮前豎立著哥倫布的雕像。

旅遊業

旅遊業是巴哈馬國民經濟的支柱產業。直接和間接從業人員約5萬人,占全部勞動力的35%。2000年接待外國遊客420萬人次,總收入為18億美元。遊客主要來自美國、加拿大和歐洲。1997年旅館有客房13,400間。1998年底,政府投資4.5億美元的大西洋遊樂城改擴建工程完工,擁有客房3,070間,並建有世界上

最大的水族館。巴哈馬的旅遊資源有大巴哈馬島、首都拿索和聖薩爾瓦多島,還有巴哈馬美麗的珊瑚礁。

巴哈馬有許多殖民地風格的建築物和具有歷史價值的遺跡,首都的迴廊遺址現在已經闢為旅遊勝地。

金融服務業

金融服務業是巴哈馬國民經濟的第二大支柱產業,產值占國內生產總值的20%。

至2001年底,來自英國、美國、加拿大、瑞士、法國以及日本等38個國家356間銀行在巴哈馬註冊,共同基金和保險公司600多家,國際商業公司達10萬家,超過2,800億美元的資產處於巴哈馬金融機構管理之下。從事旅館和餐館服務業的人員約1.4萬人,占全部勞動力的10%,產值占國內生產總值的13%左右。

農漁業

巴哈馬群島多石灰岩土壤,土層薄,土地一經耕種翻騰,極易遭受侵蝕而耗盡地力。加之群島常受颶風侵襲,影響農業生產。主要農作物有甘蔗、番茄、香蕉和豆類等。畜牧業已建有規模較大的現代化飼養場,所產肉類基本能滿足國內所需。

拿索港口和帕拉大衛島之間有橋樑連接,帕拉大衛島因此成為遊客常到之處。

古巴

CUBA
República de Cuba

古巴位於加勒比海西北部，東與海地相望，南距牙買加140公里，北離美國佛羅里達半島南端217公里，由古巴島、青年島等1,600多個島嶼組成，是西印度群島中最大的島國。海岸線長約5,746公里。全境大部分地區屬於熱帶海洋氣候，僅西南部沿岸背風坡為熱帶草原氣候，年平均氣溫為25°C。5月～10月為雨季，常遭颶風侵襲，其他月份為旱季。1492年哥倫布航海抵達古巴。1511年古巴淪為西班牙殖民地。1898年美西戰爭後被美國占領。1902年5月20日成立古巴共和國。

16世紀中葉，西班牙國王為防止海盜的襲擊，下令修建了莫洛城堡。

國家檔案

全名	**古巴共和國**
面積	11.09萬平方公里
首都	哈瓦那
人口	1,148萬（2016年）
民族	白人占66%，黑人占11%，混血人種占22%，華人占1%
語言	官方語言為西班牙語
貨幣	古巴披索
主要城市	哈瓦那、聖地牙哥

以平原為主的地形

古巴地形以平原為主，兼有海拔100公尺左右的緩坡丘陵地。土層深厚，土壤肥沃，排水良好，適宜農業生產，古巴也是世界上農業用地比重最高的國家之一。山地面積約占總面積的1/4，東、中、西部各有一山區。東部山區的馬埃斯特拉山延伸到聖地牙哥省南部沿海，海拔在1,000公尺以上，海拔1,974公尺的圖爾基諾峰是古巴境內第一高峰；向東為關塔那摩省境內的貝拉山，地勢崎嶇。西部山區以比那爾德里奧省內的奧爾加諾斯山為主體，海拔一般僅300公尺左右，高峰也不到1,000公尺，其北半部由石灰岩組成，發育成岩溶地貌，南側是地勢平緩的山麓平原。中部山區由加勒比海沿岸的千里達山組成。

豐富的資源

古巴的礦產資源相當豐富。鐵礦蘊藏量35億噸，是世界上擁有巨大鐵礦儲量的國家之一。鎳650萬噸，居世界第三位，鎳在古巴出口物資中占第二位，占出口總值的10%左右。此外還有鈷、鉻、錳、銅等礦藏，多分布在東部山地。森林覆蓋面積和植樹面積約占全國總

地下奇觀

　　古巴的岩洞遍布全國各地，景色奇妙，變幻莫測，宛若仙境，是馳名於世的地下奇觀。古巴最早發現的岩洞是馬坦薩斯省的貝拉雅馬爾大岩洞。岩洞深約5公里，內有小溪流水、天然橋梁、隧道與迴廊，還有千奇百怪的鐘乳石和石筍。另一著名岩洞是聖卡利納大岩洞，洞內曲折幽深，棲集著無數蝙蝠。1895年，古巴獨立戰爭時期，何塞·馬丁領導下的戰士就曾用蝙蝠糞製造出火藥。聖托馬斯大山洞位於比那爾德奧省奎馬多山中，由長達15公里的地下走廊構成。洞壁上布滿千姿百態的石筍、石柱，猶如雕刻精美的浮雕。

哈瓦那老城區位於港灣西側，古老的西班牙式建築和雕塑構成獨特的城市景觀。

面積的24%。盛產紅木、檀香木、古巴松等貴重木材。由於四面環海，古巴還擁有十分豐富的漁業資源。

兵器廣場

　　兵器廣場位於古巴首都哈瓦那老城，廣場四周有許多古色古香的殖民時期的建築，東北面為特姆普萊特神廟。1519年，西班牙殖民者在神廟前的一棵木棉樹下做了第一次彌撒。1777年，西班牙把哥倫布遺骨從聖多明哥移入哈瓦那，開始就葬在這棵木棉樹下，後來才移到大教堂。廣場中央矗立著塞斯佩德斯英姿勃勃的雕像。塞斯佩德斯是古巴1868年～1878年起義的領袖，曾擔任戰時共和國政府的總統。1873年被俘後英勇就義。古巴人民為了紀念這位為獨立而獻身的領袖，便以他的名字為廣場命名，並豎立起他的雕像。

嘉年集會是古巴最大的祭奠活動，其歷史可以上溯到奴隸制盛行的時代，在嘉年集會上，古巴人載歌載舞，異常歡樂。

哈瓦那是加勒比海地區的一座歷史名城,也是西印度群島中最大的城市和著名良港。

加勒比海的明珠:哈瓦那

古巴首都哈瓦那是加勒比海地區一座歷史名城,也是西印度群島中最大的城市和著名良港。它位於碧波環繞的古巴島西北側,扼守著墨西哥灣通往大西洋的大門,戰略地位十分重要。哈瓦那城建於1515年,由於港灣優良,位置重要,不久即成為西班牙美洲殖民地的重要據點,建有莫羅和蓬塔要塞。1608年成為古巴首都。哈瓦那瀕海聳立,空氣清新,陽光明媚,自然風光旖旎多姿,素有「加勒比海明珠」之稱。哈瓦那分為老城和新城兩部分。老城位於港灣西側,古老的西班牙式房舍構成獨特的建築風格。據說這裡會聚了3,900座殖民主義時期的建築,其中88座被列為珍貴歷史文物。

新區興起於20世紀20年代。最初是老城區的有錢人到這裡建起幽靜的別墅。此後,一座座豪華的五星級旅館、大商店、銀行、交易所以及影劇院、酒吧等娛樂場所如雨後春筍般地崛起。新城區的街道寬闊整齊,高大雄偉,富有現代氣息。哈瓦那是古巴政治、經濟和文化的中心。港區周圍建有煉油廠、鋼鐵廠、製糖廠、紡織廠、食品廠等許多工業企業。特別是哈瓦那生產的雪茄,品質優良,聞名世界。

製糖業為主的古巴工業

古巴的工業以製糖業為主,是世界主要產糖國之一。糖產量占世界產量的7%

左右，是世界最大的糖出口國。「九一一事件」以來，受國際局勢變化、自然災害等影響，古巴的經濟面臨嚴峻形勢。2002年6月，為了減虧增效、增強競爭力，政府重組了糖工業，關閉了71個效益差的糖廠。糖產量雖然有所下降，但還是保持較高產量，為360.5萬噸。

這是古巴的陶製品，是幾個形態誇張的古巴婦女形象。

興旺的農牧漁業

古巴農牧業有國營農牧場、集體農牧業合作社和小農牧主三種所有制形式。農村人口占全國人口的27%。甘蔗生產在古巴農業中占主要地位，55%的耕地用於甘蔗種植。除甘蔗以外，還有煙草、水稻、柑橘等。畜牧業是古巴一個十分重要的部門，產值僅次於甘蔗，占第二位。畜牧業中以養牛為主，豬、馬、羊數量也很多，古巴四面環海，漁業資源豐富。近海約有500種魚。近年來漁船設備日趨現代化，有專門捕撈蝦、蟹、魷魚等的漁船。

軍事總督府是殖民主義時期的建築，現在已經成為革命博物館，供人們參觀。

加勒比海地區諸國

OTHER COUNTRIES IN CARIBBEAN

廣義的加勒比海地區，是從古巴島西端的聖安東尼奧角、到委內瑞拉以北海面上的阿魯巴島，呈向東突出的長弧狀，延伸4,700多公里，由許多島嶼和眾多暗礁、環礁組成，面積23.5萬平方公里，自南向北分為小安地列斯、大安地列斯和巴哈馬三大組群島。

這裡原本是印第安人的樂土，從15世紀末起，西班牙及其他歐美殖民者的入侵，開始了這些土著居民長達幾個世紀的夢魘。18世紀末該地區民族解放運動興起。1804年，海地成為第一個獨立國家。

京斯敦是牙買加的首都和重要港口，由英國人建造。

牙買加 JAMAICA

牙買加在印第安人阿拉瓦克族的語言是「泉水之島」的意思，因多清泉而得名。它位於加勒比海西北部，東隔牙買加海峽與海地相望，北距古巴約140公里，為加勒比第三大島。它原是印第安人阿拉瓦克族居住地。1494年哥倫布來到此地。1509年淪為西班牙殖民地。1655年被英國占領，1866年成為英轄殖民地。1962年8月6日宣告獨立，為大英國協成員國。牙買加地處熱帶，加之受海洋的影響（海岸線長1,220公里），終年炎熱多雨，屬熱帶雨林氣候。一年四季氣溫保持在23℃～29℃之間，年平均降水是2,000毫米左右。礦藏主要有鋁土礦、石膏、陶土、大理石、銅、鐵、鉛、鋅、鈷、錳和磷等。其中以鋁土礦最為著名，儲藏量約有20億噸，是目前世界上主要產鋁土的國家之一。

牙買加是著名的旅遊勝地，是西印度群島中風景最美麗的地方。在這裡既可以欣賞到清泉碧流、林木花草，又可體會明媚熱帶風光帶來的無限詩情畫意。島的東部有巍峨的藍山山脈，境內有眾多的清泉和碧水，所以人們讚譽牙買加是「藍山、清泉、碧水之國」。再加上大自然賦予的奇岩異洞和濃郁的熱帶風光，使這個美麗的島國更是景色誘人。

國家檔案

國名	牙買加
面積	1.1萬平方公里
首都	京斯敦
人口	288.1萬（2016年）

海地 THE REPUBLIC OF HAITI
République d'Haïti

海地位於加勒比海北部、伊斯帕尼奧拉島（即海地島）西部，西與牙買加隔海相望。歷史上相繼淪為西班牙、法國殖民地，1790年法屬聖多明哥爆發獨立戰爭。海地國內時常爆發嚴重的政治危機和衝突，政局持續動盪。1804年以前，遷居海地的法國人稱它為「聖多明哥」。1804年1月1日獨立，取名海地，是拉美和加勒比海地區第一個宣布獨立的國家。海地在印第安人阿拉瓦克族語中意為「多山的地方」。

地形以山地為主，約占國土的3/4，僅沿海與沿河有狹窄平原，由於受緯度（北緯18°～20°）、北赤道暖流和東北季風的影響，海地屬於熱帶氣候，但降水量很不均勻，各地區降雨量差別很大，海地的自然資源極為有限，主要礦藏為鋁礬土、金、銀、銅、鐵等，其中鋁礬土儲量較大，在1,200萬噸左右。海地工業基礎薄弱，經濟主要以農業為主，主要農產品有咖啡、棉花、可可、大米、玉米、高粱等。其經濟命脈被外資控制，美國資本占重要地位。

國家檔案

國名	海地共和國
面積	2.78萬平方公里
首都	太子港
人口	1,085萬（2016年）

美洲 多明尼加 THE DOMINICAN REPUBLIC

República Dominicana

1492年，哥倫布在第二次航行中發現了這塊土地，多明尼加在西班牙語中意為「星期日」、「安息日」的意思。多明尼加位於加勒比海大安地列斯群島中的伊斯帕尼奧拉島東部。東隔莫納海峽與波多黎各相望，西接海地，南臨加勒比海，北瀕大西洋。北部、東部屬熱帶雨林氣候，西南部屬熱帶草原氣候。全年溫差不大，平均溫度25℃。多明尼加首都聖多明哥城，是歐洲殖民者在美洲的第一個永久性居民點。1795年歸屬法國，1809年復歸西班牙。1844年2月27日多明尼加宣告獨立，成立多明尼加共和國。多明尼加是農業國，旅遊業、出口加工業和僑匯構成其經濟的三大支柱。礦產資源較豐富，主要有金、銀、鐵和鋁礬土等。

國家檔案

國名	多明尼加共和國
面積	4.87萬平方公里
首都	聖多明哥
人口	1,065萬（2016年）

左 ｜ 多明尼加獨特的民情風俗吸引了大量遊客前來觀光，但多明尼加的旅遊設施不完善，許多鄉鎮甚至沒有旅館，只有兩層高的民宅供遊客住。

美洲 安地卡及巴布達

ANTIGUA AND BARBUDA

1493年哥倫布第二次航行抵達美洲時，在安地卡登陸，並以西班牙塞維利亞安地卡教堂的名字命名該島。安地卡及巴布達位於小安地列斯群島北部，東加勒比海背風島南端，由主島安地卡島及其附屬島嶼巴布達和雷東達組成。1520年～1629年曾先後遭西班牙和法國殖民者入侵。1967年成為英國的聯繫邦並成立內部自治政府，1981年11月1日宣布獨立，為大英國協成員國。

國家檔案

國名	安地卡及巴布達
面積	441.6平方公里
首都	聖約翰
人口	10.1萬（2016年）

聖克里斯多福及尼維斯
FEDERATION OF SAINT KITTS AND NEVIS

　　1493年，哥倫布在其第二次航行時「發現」聖基茨島，以他的守護神的名字：聖克里斯多福命名。1622年，英國人托羅斯‧沃納在此登陸，他重新為之命名為「聖基茨」島，當地加勒比族印第安人稱之為「利亞穆伊加」，即「富饒的島嶼」之意。聖克里斯多福，全稱為聖克里斯多福及尼維斯聯邦，它位於東加勒比海背風島北部，由主島聖克里斯多福、尼維斯、桑布雷羅等島嶼組成。

　　1623年被英國占領，此後法國一度占領該島兩端。尼維斯於1628年淪為英國殖民地。1783年根據《凡爾賽條約》，該島正式歸屬英

國。1983年9月19日聖克里斯多福及尼維斯獨立，為大英國協成員國。

國家檔案

國名	聖克里斯多福及尼維斯
面積	267平方公里
首都	巴士地市
人口	5.6萬（2016年）

左｜供遊人選購的咖啡豆和咖啡盒，充滿了濃濃的加勒比海風情。

多米尼克

THE COMMONWEALTH OF DOMINICA

　　多米尼克位於東加勒比海小安地列斯群島北部。東臨大西洋，西瀕加勒比海，南隔馬提尼克海峽與馬提尼克島相鄰，北同瓜德羅普隔多米尼克海峽相望。多米尼克原為印第安部族阿拉瓦克人和加勒比人居住的地方，1493年哥倫布來到該島。1763年《巴黎條約》規定該島劃歸英國後，法國曾兩度占領。1805年法國占領者放火燒毀羅梭，英國支付8,000英鎊的「贖金」後正式占領多米尼克島。1978年

11月3日宣布獨立，現為大英國協成員國。

　　多米尼克工業基礎薄弱，僅有小型水果加工、服裝、捲煙、釀酒等輕工業。建築業和製造業有所發展，占國內生產總值的比例很小。其經濟以農業為主，主要依靠優惠貿易政策向歐盟出口香蕉，收入占全國外匯收入的50%。隨著經濟全球化和貿易自由化的發展，該國香蕉出口面臨巨大挑戰。近年來，政府努力推行農業多樣

國家檔案

國名	多米尼克聯邦
面積	751平方公里
首都	羅梭
人口	7.35萬（2016年）

化，並積極尋求外援、外資以發展當地企業和離岸金融業。利用雨林、火山等資源大力發展生態旅遊，並一直在爭取外資的加入。

美洲 巴貝多 BARBADOS

巴貝多位於東加勒比海小安地列斯群島最東端,西距向風群島160公里,海岸線總長101公里。屬熱帶雨林氣候,7月~11月為雨季,2月~3月為旱季,氣溫變化不大,通常在23℃~30℃之間。16世紀以前,印第安人阿拉瓦克族和加勒比族在此居住。1518年西班牙人登島,十多年後葡萄牙人入侵。1624年英國人宣布占有該島,1627年設總督管轄,1958年加入西印度聯邦。1961年10月取得內部自治地位。1966年11月30日宣布獨立,為大英國協成員國。巴貝多在西班牙語中是「長鬍子」的意思。該島上野生的無花果樹遍地生長,無花果樹垂下的褐色細絲很像鬍子,國名由此而得。

巴貝多是個具有十足熱帶風光的島國,這裡有迷人的海島美景和獨特的自然景觀。

國家檔案

國名	巴貝多
面積	431平方公里
首都	橋鎮
人口	28.5萬(2016年)

美洲 聖露西亞 SAINT LUCIA

在浩渺連天的東加勒比海上,有一個山清水秀的島國,這就是聖露西亞。它位於小安地列斯群島向風群島中部,北有法屬馬提尼克島,南有聖文森島。全島長43公里,東西寬22公里,是個南北狹長、略成蛋形的小島。最早居民為印第安人,1651年法國人占領該島,1693年英國人入侵該島,以後英、法長期在此爭奪。1814年根據《巴黎條約》正式將該島劃為英國殖民地,1979年2月22日宣布獨立,為大英國協成員國。

在聖露西亞國民經濟中,農業、製造業和旅遊業是其國民經濟的三大支柱。占主導地位的是農業,而農業又以香蕉及可可種植業為主。雖然政府努力發展多樣化經濟,但工業基礎仍很薄弱,整個國民經濟格局沒有大的改變。

國家檔案

國名	聖露西亞
面積	616平方公里
首都	卡斯翠
人口	17.8萬(2016年)

聖文森及格瑞那丁

SAINT VINCENT AND THE GRENADINES

聖文森，來自法國一位著名的天主教神父的名字。1498年1月22日哥倫布登上此島，因這一天是聖文森節，該島被命名為聖文森。聖文森位於東加勒比海小安地列斯群島向風群島南部，與聖露西亞相鄰。由主島聖文森島和格瑞那丁群島北半部的貝基亞、卡努安、馬斯蒂克等小島組成。聖文森原為印第安加勒比族人的居住地。1783年《凡爾賽條約》承認英國對該島的統治。1979年獨立，現仍是大英國協成員國。

國家檔案

國名	聖文森和格瑞那丁
面積	389平方公里
首都	金石城
人口	10.23萬（2016年）

左｜加勒比海地區物產豐富，熱帶水果應有盡有。

千里達及托巴哥

REPUBLIC OF TRINIDAD AND TOBAGO

在浩瀚的加勒比海上，有一串珍珠般的島嶼，這就是小安地列斯群島。位於小安地列斯群島東南端的千里達及托巴哥是其中兩顆璀璨的明珠。千里達及托巴哥共和國的國土就由這兩個島嶼構成，其國名即源於此。千里達島原為印第安人阿拉瓦克族和加勒比族的居住地。1498年哥倫布經過該島附近，宣布為西班牙所有。1781年被法國占領，1802年根據《亞眠條約》劃歸英國。托巴哥歷經西、荷、法、英多次爭奪，1812年根據《巴黎條約》淪為英國殖民地。1889年兩島嶼成為一個統一的英殖民地，1962年8月31日獨立。1976年8月1日改為共和國，仍是大英國協成員國。

國家檔案

國名	千里達及托巴哥共和國
面積	5128平方公里
首都	西班牙港
人口	122.04萬（2016年）

格瑞那達 GRENADA

美洲

西班牙的南部城市格拉納達的名字命名。格拉納達是「石榴」的意思,指城市建在四座山丘上,像一個切開的石榴。格瑞那達是位於加勒比海向風群島最南端的島國,南與委內瑞拉隔海相望。格瑞那達與千里達及托巴哥共和國之間的水域又是南、北美洲和北美到非洲的重要海運通道,地理位置較為重要。格瑞那達原為印第安人居住地。1974年2月7日宣布獨立。

國 家 檔 案

國名	格瑞那達
面積	344平方公里
首都	聖喬治
人口	11.12萬(2016年)

左 | 格瑞那達首都聖喬治市區是按海岸的地形而發展的,海岸呈倒立的馬蹄形,缺口向南,蹄心就是聖喬治的內港。

下 | 格瑞那達的土著印第安人在傳統節日上精心裝扮。

美洲 厄瓜多

ECUADOR
República del Ecuador

厄瓜多位於南美洲西北部，東北與哥倫比亞毗連，東南與秘魯接壤，西瀕太平洋。海岸線長930公里。東西部屬熱帶雨林氣候，山區盆地為熱帶草原氣候，山區屬亞熱帶森林氣候。厄瓜多古代曾屬於印加帝國，1532年淪為西班牙殖民地，1809年宣布獨立，1822年併入由哥倫比亞、委內瑞拉和巴拿馬組成的大哥倫比亞共和國。1830年該共和國解體後宣布成立厄瓜多共和國。

國家檔案

全名	厄瓜多共和國
面積	25.64萬平方公里
首都	基多
人口	1,639萬（2016年）
民族	印歐混血人種占41%，印第安人占34%，白人占15%，黑白混血人種占7%，黑人和其他人種占3%
語言	官方語言為西班牙語，印第安人通用克丘亞語
貨幣	美元
主要城市	基多、瓜亞基爾

加拉巴哥群島上特有的薩莉倫輕腳蟹。

加拉巴哥群島

厄瓜多的加拉巴哥群島位於東太平洋上，面積約8,000平方公里，封閉獨立的環境使這裡的動物發展演化十分完整。1835年達爾文乘船做環球考察時到過這裡，而後在他的《物種起源》中詳細描述了這裡生物的發展演化。島上有許多獨特物種，如世界上最古老的兩棲動物海鬣蜥。島上有7種不同的海鬣蜥，每種都有明顯的差異。巨龜是另一種使海島聞名於世的珍奇動物。成熟的巨龜最大體重可達250千克，壽命最長達到400年。此外，群島上還有加拉帕戈斯海獅、海狗等28種特有物種。

基多老城

基多老城位於首都基多市內，以保存大量西班牙殖民時代的建築物而聞名。老城區在城市的西南部，這裡保留著古老的街道、房屋和教堂。街道用鵝卵石鋪砌，充滿了西班牙和印第安建築風格的魅力。基多老城的中心是獨立廣場，廣場南面有1535年在印加宮殿舊址上建造的方濟會修道院，是拉丁美洲最早修造的修道院，被譽為美洲巴洛克式建築藝術的典範。

「黑母親節」是全國最熱鬧的慶典，圖為節日慶典上吹奏排簫的厄瓜多女孩。

哥倫比亞

COLOMBIA
República de Colombia

哥倫比亞位於南美洲西北部，東鄰委內瑞拉、巴西，南接厄瓜多、秘魯，西北角與巴拿馬相連，北臨加勒比海，西瀕大西洋，海岸線長2,900公里。地處熱帶，氣候因地勢而異。古代為印第安人的居住地，1536年淪為西班牙殖民地，1810年宣布獨立，1821年與厄瓜多、委內瑞拉、巴拿馬組成大哥倫比亞共和國，共和國解體後於1831年改名為新格拉納達共和國，1861年稱哥倫比亞合眾國，1886年改為現名。

國家檔案

全名	哥倫比亞共和國
面積	114.17萬平方公里
首都	波哥大
人口	4,855萬（2016年）
民族	印歐混血人種占60%，白人占20%，黑白混血人種占18%，其餘為印第安人和黑人
語言	官方語言為西班牙語
貨幣	披索
主要城市	波哥大、卡塔赫納

卡塔赫納是哥倫比亞著名城市，以其多彩的熱帶風光和眾多名勝古蹟而聞名。

黃金工藝

哥倫比亞黃金儲量比較豐富，已經有了很悠久的金礦開採歷史。歐洲殖民者到來之前，當地印第安人就已經掌握了不少黃金的加工和製作工藝。印第安人最初只是用黃金直接作為以物易物的媒介，後來才開始製作各種金器。哥倫比亞印第安人製作金器的水準相當高，雖然他們沒有像秘魯和墨西哥的印第安人那樣，修建雄偉的美洲式金字塔或富麗堂皇的神廟，但他們製作的大量金器卻是當時手工藝品的精華。現在哥倫比亞首都黃金博物館內的2.9萬多件展品，包含了當地的印第安人從西元前21世紀～17世紀的各種作品。不僅展品數量居世界前列，其製作之繁、手工之精也令世人讚嘆不已。

聖奧古斯丁考古公園

聖奧古斯丁考古公園是哥倫比亞西南部一處美洲古印第安文明遺址，位於海拔1,800多公尺的安地斯山區。這裡氣候溫暖，降水豐富。印第安人曾在這裡孕育出了相當獨特的聖奧古斯丁文化，並在8世紀達到鼎盛，後來逐漸衰敗、消亡。在方圓500公里的範圍內，留下了許多墓地、神殿和石像等遺跡。

美洲 蓋亞那 *GUYANA*

蓋亞那位於南美洲北部。西北與委內瑞拉交界，南與巴西毗鄰，東與蘇利南接壤，東北瀕大西洋。海岸線長430公里。屬熱帶雨林氣候，年降雨量1,500毫米～2,000毫米，年平均氣溫24°C～32°C。9世紀起印第安人開始在此定居，15世紀西班牙人入侵，17世紀～18世紀為荷蘭所占領，1814年荷蘭將其轉讓給英國，1831年正式淪為英國殖民地，1966年5月宣布獨立，1970年2月23日宣布成立蓋亞那合作共和國。

首都喬治城建築多為木結構，舊建築物下部大多修建或改建為混凝土結構，以防止潮濕氣候造成的危害。

多水之鄉

蓋亞那全國的大部分地方屬熱帶雨林氣候，境內河流縱橫，湖泊和沼澤星羅棋布。印第安語中的「蓋亞那」的意思即為「多水之鄉」。主要河流有埃塞奎博河、德梅拉拉河、伯比斯河、科蘭太因河等，多數河流發源於南部和西部山脈，從南至北流入大西洋。埃塞奎博河是蓋亞那最長的河流，河流左岸有數不清的支流，流域面積超過15萬平方公里。由於這些河流大多流經岩石堅硬的蓋亞那高原，加之大陸地殼的微升等地質作用，於是就形成了很多落差極大的多級瀑布，其中最著名的凱厄圖爾瀑布，位於埃塞奎博河中游的支流波塔羅河上，落差226公尺，號稱世界一次性落差最大的瀑布。河流水流湍急而不具備航運條件，但豐富的水力資源為兩岸的電力、農業和畜牧業提供了良好的條件。

首都喬治城

蓋亞那的首都喬治城是全國最大的城市和港口，位於德梅拉拉河口東岸的沖積平原上，北瀕大西洋，地勢低窪，海拔僅有2公尺。該市由英國始建於1630年，被荷蘭占領後取名為斯塔布魯克，1812年被英國收復後改回了現在的名字。現在已成為全國交通樞紐，有公路、鐵路通往沿海城鎮和內地礦區。喬治城城內有政府機構、市政廳、教堂和學校。

蓋亞那地形複雜，有大片未經開發的熱帶雨林資源，發展生態旅遊的潛力巨大。

法屬圭亞那 *FRENCH GUIANA*

Guyane française

法屬圭亞那位於南美洲東北部赤道附近，東南與巴西接壤，西與蘇利南毗鄰，北臨大西洋。海岸線長378公里。屬熱帶雨林氣候，年平均氣溫27℃。17世紀初法國開始侵入，之後英國、荷蘭、法國和葡萄牙一直爭奪此地，直到1816年最終歸屬法國。1946年法國宣布法屬圭亞那為法國的「海外省」。1977年成為法國的一個區。

Travel Smart

礦產｜教育

1. 法屬圭亞那的礦產主要有鋁礬土、高嶺土和金礦等。

2. 法屬圭亞那教育制度與法國的教育制度相同，實行10年制免費義務教育。

地形與水系

法屬圭亞那的地勢南北高低不同。它的內陸是蓋亞那高原東北端的山嶽地帶向大西洋延伸而構成的，南高北低，差異非常明顯。南部多丘陵、河谷和瀑布。森林密布，植物資源非常豐富，絕大多數為熱帶雨林，樹種也極其豐富。北部沿海為地勢低平的地區，面積也比較小，僅為寬約16公里～48公里的沖積平原。多沼澤，土壤肥沃，是富饒的農業區。全國90%以上的人口都集中在這裡。境內河流眾多，多數為南北流向，其中東部的奧亞波基河和西部的馬羅尼河形成了與鄰國的天然分界線，也是境內最主要的河流。此外，阿普魯瓦格河、馬納河等水量也比較豐沛，水力資源豐富。

「囚城」開雲

開雲是法屬圭亞那的首府，初建立時稱拉瓦爾迪爾，1777年改為現在的名字。開雲位於國土東北部開雲河河口的開雲島上，是法國移民於1643年建立的。1848年後曾作為法國流放犯人的地方而遠近聞名，被當時的人們稱為「囚城」、「惡魔島」。現在的開雲已成為法屬圭亞那的政治、經濟和文化中心，建有法國熱帶美洲研究所、巴斯德研究所及國際機場等。同時開雲也是該地區重要的大西洋港口城市，從開雲港口輸出的商品有香精、黃金、木材和甜酒等。此外，開雲的旅遊業發展也相當迅速。市內有聖救主教堂和耶穌會教堂等歷史建築以及植物園等人文景觀，也有風光綺麗的沙灘、海濱浴場等自然休閒場所，是一處別有情趣的旅遊觀光之地。

法屬圭亞那的沿海水產豐富，這裡有一種體型龐大的海龜，每年產卵季節，海龜們會紛紛爬上岸，在沙灘上產卵，之後再爬回大海。

蘇利南

SURINAME

Republiek Suriname

蘇利南位於南美洲北部。東鄰法屬圭亞那，南界巴西，西連蓋亞那，北瀕大西洋。其國土基本上呈四邊形。地勢南高北低。屬熱帶雨林氣候，年平均氣溫23℃～27℃。境內河流眾多，現已有部分河流修建了水電站。礦產資源除鋁土礦之外，還有鐵礦、錳礦等。蘇利南原為美洲印第安人居住地，1602年荷蘭人開始到此地定居，1630年英國移民到此，1667年英、荷簽訂條約，蘇利南淪為荷蘭殖民地。1815年的《維也納公約》正式確立了荷蘭對蘇利南的殖民統治地位。1954年蘇利南開始實行除外交和國防事務外的內部自治，1975年1月宣布獨立，成立共和國。

蘇利南北部沿海地形為低地，是全國重要的農業區。

小聯合國

蘇利南是一個多民族的國家，幾乎集中了來自世界各地的不同人種，素有「小聯合國」之稱。印度人為數最多，而且在社會生活的各個方面都比較活躍。在首都，幾乎所有大商店都是印度人經營的。克里奧爾是蘇利南第二大民族，多數從事獨資經營或公務員的職業。印尼人也是蘇利南人口的一大組成部分。他們主要為爪哇人的後裔，多數人留在農村從事水稻種植和捕魚業。而叢林黑人則生活在原始森林中，至今還保留著許多他們非洲祖先的傳統生活方式。荷蘭人和華人是國內商業階層的重要組成部分，布林人以務農為生，而本地的土著印第安人則仍過著捕魚、狩獵的原始生活。

首都巴拉馬利波

巴拉馬利波位於蘇利南河下游西岸，在歐洲殖民者來到之前，這裡只是一個印第安人的小漁村。1630年英國人在此建立了殖民據點。1667年為荷蘭人所侵占。第二次世界大戰後，這裡的工商業和旅遊業發展迅速，成為國內的水陸交通樞紐，也是全國最大的港口城市。港口碼頭總長1,600公尺，全國的對外貿易幾乎全部由此出入。市區沿河岸伸展，街道寬闊，多熱帶樹木和花園，建築物多為木質結構，體現出明顯的荷蘭風格。既有迷人的熱帶風光，又可以盡覽多種民族各不相同的風情，巴拉馬利波已經成為一座美麗的旅遊城市。

國家檔案

全名	蘇利南共和國
面積	16.38萬平方公里（包括與蓋亞那有爭議的1.7萬平方公里）
首都	巴拉馬利波
人口	58.5萬（2016年）
民族	印度人占35%，克里奧爾人占32%，印尼人占15%，叢林黑人占10%，還有少數印第安人、華人和其他人種
語言	官方語言為荷蘭語，通用蘇利南語
貨幣	蘇利南基爾德
主要城市	巴拉馬利波

委內瑞拉

VENEZUELA
República Bolivariana de Venezuela

委內瑞拉位於南美洲大陸北部。東鄰蓋亞那，南接巴西，西鄰哥倫比亞，北瀕加勒比海。海岸線長2,813公里。全境除山地外基本上屬熱帶草原氣候，年平均氣溫24℃～27℃。氣溫亦因海拔高度不同而異，山地溫和、平原炎熱。1567年淪為西班牙殖民地，1811年7月5日宣布獨立，是拉丁美洲地區較發達的國家之一。石油業為國民經濟的命脈，占國內生產總值的26.42%。農業發展比較緩慢，但冶金、礦業、電力、製造、建築、石化和紡織等工業部門發展較快。

國家檔案

全名	委內瑞拉玻利瓦爾共和國
面積	91.67萬平方公里
首都	卡拉卡斯
人口	3,157萬（2016年）
民族	印歐混血人種占58%，白人29%，黑人11%，印第安人2%
語言	官方語言為西班牙語
貨幣	強勢玻利瓦
主要城市	卡拉卡斯、馬拉凱博、巴倫西亞

卡奈馬國家公園中的茅膏菜。

安赫爾瀑布

安赫爾瀑布位於委內瑞拉東南部卡羅尼河的支流丘倫河上，人跡罕至。河水從地面以下60多公尺的砂岩層中流出，沿著蓋亞那高原上奧揚特普伊山陡峻的崖壁跌落下來，落差高達979公尺，大約是尼加拉大瀑布的18倍。瀑布共分兩級，第一級由山頂直瀉至結晶岩平台，落差807公尺，接著又下跌172公尺，直至丘倫河谷地。安赫爾瀑布水量並不穩定，雨季飛流直下、氣勢如虹，滿山皆被水霧籠罩；旱季瀑布水量劇減，這時谷底就會出現瀑布長年沖刷而成的圓形深坑。瀑布四周為群山密林，陸路難以通達，只能從空中觀察或由水路接近，是美國飛行員吉米·安赫爾駕機經過時所發現，現已闢為旅遊探險勝地。

卡奈馬國家公園

委內瑞拉的卡奈馬國家公園地處玻利瓦爾省州東部高原，面積3萬平方公里，海拔從450～2,810公尺起伏很大，陡峭的懸崖和高達900多公尺的瀑布構成了這裡的獨特景觀。這裡共有3個主要的地質岩層，其中最古老的形成於36億～12億年前。岩層長時間不斷受到陽光和雨水的侵蝕，形成了著名的桌狀山。遠遠望去，它矗

立在濃密平坦、一望無際的熱帶雨林中，十分壯觀。山之間是寬闊平坦的谷地，桌狀山上的顯花植物和蕨類植物共有3,000～5,000種。另外，卡奈馬國家公園的蘭花種類也十分豐富，委內瑞拉政府1993年登記在冊的蘭花品種超過500種。公園內地廣人稀，也成為美洲獅、美洲豹等珍稀動物的避難所。

印第安人的社會組織

土著印第安人是委內瑞拉境內最早的居民，如今則散居在國內各個地區。印第安人的部落是社會的基本單位。部落的首腦是酋長，在部落裡的勇敢者中選出或是由世襲產生。部落裡普遍流行拜物教，不同的部落都有自己別具特色的習俗。有的部落居民500多人全部居住在一間大草屋裡；有的部族實行一夫多妻制，一個男子可以娶三四個妻子，妻子們在法律上地位平等，各自耕種土地；有的部族則分為若干個母系親屬集團，由實行一夫多妻的部落酋長統治。

首都卡拉卡斯

委內瑞拉的首都卡拉卡斯是南美洲較發達的城市之一，位於加勒比海之濱，處於四面環山的谷地中。據說「卡拉卡斯」是由印第安語發音而來，因當地生長著的

一種被稱做「卡拉卡斯」棕色的草而得名。都市區由市區和它周圍的4個教區以及米蘭達州5個城鎮組成。卡拉卡斯是委內瑞拉的政治、經濟中心。城內矗立著各種形狀的高層建築，有的屋頂上還種滿了熱帶闊葉樹，許多大樓的涼台和窗戶，都擺著盆景和鮮花。卡拉卡斯終年氣候溫和，人們在這裡既可領略宜人的春光，又可以享受熱帶海灘的樂趣，因而被旅遊者們稱為「得天獨厚的首都」。

卡奈馬國家公園的動物數量雖然不多，但特色卻非常突出。這種青蛙的皮膚含有劇毒，印第安人用牠的毒液塗抹在弓箭的箭頭上，作狩獵之用。

委內瑞拉迷人的首都卡拉卡斯，因為地勢較高，所以雖然地處熱帶，卻依然風和日麗，四季如春。

187

秘魯

PERU
República del Perú

秘魯位於南美洲西部，是南美洲太平洋沿岸國家，全境位於赤道與南迴歸線之間。北鄰厄瓜多、哥倫比亞，東臨巴西，南接智利，東南與玻利維亞毗鄰，西瀕太平洋。海岸線長2,254公里。1842年從西班牙控制下獨立出來。地勢從氣候乾燥的沿海狹長地帶向安地斯山脈不斷上升，南部地區主要是火山地形。全境從西向東分為熱帶沙漠氣候、草原氣候和熱帶雨林氣候。年平均氣溫12℃～32℃。

國家檔案

全名	秘魯共和國
面積	128.52萬平方公里
首都	利馬
人口	3,177萬（2016年）
民族	印第安人占41%，印歐混血人種占36%，白人占19%，其他人種占4%
語言	西班牙語為官方語言，一些地區通用克丘亞語、阿伊馬拉語和其他30多種印第安語
貨幣	新索爾
主要城市	利馬、阿雷基帕、特魯希略

西班牙殖民者使印加帝國的都城庫斯科變成了廢墟，而在城外卻保存著一些雄偉的衛城遺址。

高聳入雲的安地斯山脈

安地斯山脈是世界上最長的山脈，全長約8,900公里，屬美洲科迪勒拉山系。安地斯山脈縱貫南美大陸西部，在秘魯境內縱貫南北，踞於秘魯中部，由並行排列的東部山脈、中部山脈和西部山脈構成。亞馬遜河就發源於此。安地斯山脈有瓦斯卡蘭山、科羅普納峰和薩爾坎泰山等世界著名山峰，海拔均在6,000公尺以上，其中瓦斯卡蘭山海拔6,768公尺，是秘魯境內最高的山峰。

馬丘比丘城遺址

在高峻的安地斯山區，印加古城遺址：馬丘比丘位於兩座陡峭的山峰之間。它是南美洲發現的幾乎未遭損壞的極少數早期城鎮之一。所處位置偏僻，海拔達到2,430公尺，故而被稱為「空中之城」，這使它免遭1532年來到此地的西班牙人洗劫。城的周圍有許多沿山坡而建造的「大台階」：梯田，印加人在那裡種植糧食作物。目前，這座古城還保存有一些諸如神殿之類的建築物以及143座房屋的遺跡。馬丘比丘約建於1450年～1500年

雨林中的坎帕人

坎帕是印第安部落之一，分布在亞馬遜熱帶雨林中，長期與外界隔絕，至今保持著古樸的習俗。坎帕人靠採集、捕獵為生。甜木薯是坎帕人的主要食物，也是他們釀製「瑪莎托」啤酒的原料。他們嗜吃煙草和可可，還用一種叫「阿肖特」的灌木籽同動物脂肪一起碾碎，做成塗臉的紅色油彩。坎帕人頭上插一根紅色羽毛，鼻子上又橫穿一根黃色羽毛，頸上掛著一個蝸牛殼，背上還背著美麗的箭兜，用各種鳥類羽毛做箭尾。

秘魯是印加文化的發源地，印加人的村落和墳墓記錄著這裡的輝煌和沒落。

間，不久之後印加古城便被西班牙摧毀。直到美國人希南‧賓諾姆於1911年發現該城，此前一直無人知曉。

向日葵與駱馬

秘魯的國花是向日葵，也叫印加魔花。秘魯是古印加帝國所在地，古印加人認為他們的祖先是太陽神創造的，太陽是萬物之源，太陽神把金犁和種子賜予他們，使大地復蘇，長出可供食用的五穀。「印加」在克丘亞語中即「太陽子孫」之意。於是秘魯人把永遠朝向太陽的向日葵奉為國花。秘魯的國獸是駱馬，這是生活在海拔5,000多公尺高原地帶的珍貴野生動物。駱馬在南美洲僅存5萬頭，在秘魯就有4萬頭。秘魯人把駱馬當做民族象徵。

圖為市場上出售鏡子的克丘亞族印第安婦女，這是秘魯多姿多彩文化特色的體現。

阿雷基帕是秘魯的第二大城市，1540年由西班牙殖民者皮薩羅所建，城市建築大多以白色火山岩為基本材料。

香蒲文明

　　秘魯印第安人中有一支烏羅人，烏羅是世界上最原始的民族之一。他們生活在的的喀喀湖畔，保持自己獨特的生活習慣，創造了人類學家所稱的「香蒲文明」。香蒲是生長在的的喀喀湖淺水處的一種植物。烏羅人用香蒲堆起數十個「漂浮島」，然後就居住在這些散落在湖面上的「漂浮島」上。用香蒲草蓋起的茅屋，酷似一個個碩大無比的蘑菇。人們捕魚用的舟筏、魚簍、魚網均用香蒲纖維編製而成。

太陽節

　　秘魯人對太陽有特殊的感情，他們把祖國譽作「太陽之國」，並把「太陽」定為貨幣名稱。他們還將城市建在山巔，以離太陽更近。沿襲5個世紀的太陽節活動更是經久不衰。太陽節定於每年6月24日舉行，規模盛大。屆時人們身穿節日盛裝，頭戴尖頂帽，歡呼聲不絕於耳。樂隊奏起聖歌，「印加王」向太陽敬酒致祭，祭司點燃「聖火」，並取出駱馬內臟獻給太陽神。

輝煌的古代文明

　　早在古代，秘魯境內就居住著印第安人。11世紀，印第安人以庫斯科城為首府，在高原地區建立了印加帝國。12世紀開始向外擴張，首先征服了居住在秘魯附近的各印第安部落，然後再陸續征服周圍地區的居民。15世紀～16世紀初，印加帝國

這是太陽節的情景，「印加王」最先出現在山頂，象徵著太陽升在空中。

版圖迅速擴大，進入印加帝國的鼎盛時期，這時的領土包括秘魯、智利北部、厄瓜多的一部分、玻利維亞的安地斯地區和阿根廷東北部，並在這裡創造出美洲古代文明：燦爛的印加文明。

首都利馬

利馬是秘魯首都和全國最大的城市，位於秘魯西海岸中部，四周均為沙漠，是世界上建於沙漠地帶的僅次於開羅的第二大城市。利馬在1940年遭遇大地震後，高樓大廈拔地而起，不斷呈現出現代化的風貌。利馬是全

利馬是秘魯經濟、商業和文化中心，也是全國的交通樞紐。

國最大的經濟中心和商業中心，全國2/3的工業集中在利馬及其附近。位於市中心的聖馬丁廣場是熱鬧非凡的商業中心。利馬還是全國最大的交通樞紐和文化中心。

利馬市的大教堂是殖民時期的建築，它從西班牙殖民統治初期開始動工，歷時90年，於1654年竣工，是一座巨型的宗教建築。

玻利維亞

BOLIVIA
Estado Plurinacional de Bolivia

玻利維亞是位於南美洲中部的內陸國，東北鄰巴西，東南鄰巴拉圭，南接阿根廷，西南連智利，西鄰秘魯。全境地勢西高東低。受地形影響，西部高原氣候高寒乾旱，年平均氣溫不足10℃；東部平原北半部屬熱帶雨林氣候，年均氣溫27℃～30℃；南半部屬熱帶草原氣候，年均氣溫25℃。1538年淪為西班牙殖民地。1825年8月宣布獨立，建立共和國。

國家檔案

全名	玻利維亞共和國
面積	109.86萬平方公里
首都	法定首都為蘇克瑞；行政首都為拉巴斯
人口	1,089萬（2016年）
民族	印第安人占54%，印歐混血人種占31%，白人占15%
語言	西班牙語為官方語言，主要民族語言有克丘亞語和阿伊馬拉語
貨幣	玻利維亞諾
主要城市	蘇克瑞、拉巴斯、聖克魯斯、波托西

玻利維亞的法定首都蘇克瑞坐落在海拔2,750公尺的高原上，以「高原之都」名天下。

兩個首都

在當今世界，一個國家通常只有一個首都，而玻利維亞卻有兩個，一個是蘇克瑞，一個是拉巴斯。原本的首都為蘇克瑞，但到了1900年，玻利維亞政府中的部分人提議將首都遷往拉巴斯，另一部分人堅決反對，最後採取折中的辦法，將中央政府、總統府、議會廳遷往拉巴斯，最高法院留在蘇克瑞。於是，蘇克瑞為法定首都，拉巴斯則成了實際上的首都。蘇克瑞位於雷阿爾山脈和科恰班巴山脈之間，是公路交通的要地、鐵路的終點和商業中心。拉巴斯則位於玻利維亞高原的山谷之中，是玻利維亞的文化中心。

的的喀喀湖

的的喀喀湖位於玻利維亞境內，安地斯山脈中段的玻利維亞高原北部、秘魯和玻利維亞兩國的邊境上。的的喀喀湖海拔3,812公尺，是世界海拔最高的大淡水湖之一，長200公里，寬66公里，面積達8,330平方公里，平均水深100公尺，最深處可達304公尺。湖水主要依靠安地斯高山融雪補給，水

的的喀喀湖岸邊蘆葦和蒲草繁茂，當地人用一種叫做「托爾托拉」的蘆葦紮成小船，以作渡河之用。其結構與編織技術都與埃及的「太陽船」頗為相似。

溫較低，只有12℃～16℃。湖東南有一出口，經德薩瓜德羅河通波波湖。北部水域為全湖主體，面積大、湖水深；南部水域又名維納馬卡湖，面積很小。湖內水草豐茂，魚、蝦等水產品豐富，沿岸生長著茂密的蘆葦和蒲草。湖區為蒂亞瓦納科文化和印加文化的發祥地。湖上有36個小島，其中太陽之島和月之島最為有名。湖中有玻利維亞通往秘魯的汽船，也有印第安人自己編製的蘆葦船。現已成為玻利維亞、秘魯兩國的水上運輸通道，也是著名的遊覽勝地。

國家的形成

玻利維亞是古代印第安文化的發祥地之一。很早之前，印第安人就已知道利用湖水進行灌溉，種植馬鈴薯、玉米和飼養駱馬。他們還掌握了冶煉銅和銅錫合金的技術。14世紀時被歸入了印加帝國的版圖。16世紀，安地斯山區貴金屬，尤其是波托西的銀礦及錫礦等資源的發現，引來了大量的西班牙殖民者，西部地區逐漸出現了一些礦業城市，形成全國政治、經濟和文化的中心，同時在高原和中部谷地也出現了占地極廣的大莊園。玻利維亞1825年獨立時的領土面積為229.4萬平方公里，後與鄰國糾紛不斷，導致失去大半領土和太平洋出海口，成為今天的內陸國。

蒂亞瓦納科文化遺址

在玻利維亞北部海拔4,000公尺的高原上，坐落著世界聞名的印加史前「蒂亞瓦納科文化遺址」。蒂亞瓦納科文明是美洲最古老的文明之一，興盛於3世紀～8世紀。其中的的喀喀鎮的蒂亞瓦納科遺址範圍較廣，是一古老的建築群。這個建築群都用岩石築成，壘砌整齊。主要建築物設在一座平台上。它周圍是用大石砌成的圍牆。遺址還有另外一個巨型平台，平台上方有一個凹陷的院落，院內有著名的石門「太陽門」和人形石柱，是蒂亞瓦納科文化的代表。它不論是對南美洲或中美洲，甚至太平洋中的復活節島，都有深遠的影響。

蒂亞瓦納科的巨型太陽門，是由一塊重約100噸的石頭雕鑿而成。而比雕鑿更富挑戰性的是，如何將這塊巨石從數公里之外的採石場運來。考古學家推測可能是通過圓木或光滑的小圓石鋪就的路床拖過來的。

巴西位於南美洲東部，是南美洲最大的國家。它北鄰法屬圭亞那、蘇利南、蓋亞那、委內瑞拉和哥倫比亞，西界秘魯、玻利維亞，南接巴拉圭、阿根廷和烏拉圭，東瀕大西洋。海岸線長7,400多公里。領海寬度為12海里，領海外專屬經濟區188海里。巴西擁有世界上最大的熱帶雨林。熱帶雨林生長在廣袤的亞馬遜河流域及其三角洲上，覆蓋了國土的1/3。

伊瓜蘇瀑布位於阿根廷東北部和巴西南部的交界處，是世界上最壯觀的瀑布之一。

國 家 檔 案

全名	**巴西聯邦共和國**
面積	851.42萬平方公里
首都	巴西利亞
人口	2.077億（2016年）
民族	白種人占54.3%，黑白混種人占39.94%，黑種人占5.39%，黃種人占0.46%，印第安人約占0.16%
語言	官方語言為葡萄牙語
貨幣	黑奧
主要城市	巴西利亞、聖保羅、里約熱內盧、貝洛奧里藏特、累西腓

🌐 自然地理

巴西的自然景觀將南美大陸的風姿盡現無疑，地形由蓋亞那高原、亞馬遜平原、巴西高原和巴拉圭低地四部分組成。其中亞馬遜平原約占全國領土面積的1/3以上。巴西境內水力資源異常豐富，有三大河系：亞馬遜河系、巴拉那河系和舊金山河系。亞馬遜河是世界上流域最廣，流量最大的河流。

豐富的動植物資源

巴西地域遼闊，氣候多樣，非常適宜動植物的生存和繁衍。廣闊的亞馬遜森林裡大約有動物15,000種，其中8,000多種為巴西特有。

巴西有世界最小的猴子狨，體長僅40公分，還有倒掛在樹上能幾小時不動的三趾樹獺，渾身披有「盔甲」、遇敵便蜷成球形的犰狳，長達10公尺的巨蚺和色彩絢麗的熱帶魚等。另外，巴西的植物資源也非常豐富，全世界已知種類的1/4，在巴西都能找到。

耶穌山原名駝峰山，1931年在山巔
立了一座兩臂展開，形同十字架的
耶穌像，故又名耶穌山。耶穌像身
前與兩側為懸崖絕壁，可居高俯視
里約熱內盧每一個角落。巨大的耶穌
像伸展雙臂，似乎要包容人間的一切
哀喜悲歡。

里約熱內盧被稱為「狂歡節之城」，這裡的狂歡節每年都會吸引世界各地的觀光客。

🏛 歷史文化

　　在殖民者入侵前，巴西原為印第安人阿拉瓦族和圖皮族的居住地。殖民者發現這塊大陸後即進行了瘋狂的掠奪，並進行殘忍的奴隸貿易。一直到17世紀中葉，巴西出現了較大規模的反對葡萄牙殖民者的鬥爭，最終葡萄牙於1825年承認其獨立。1885年巴西奴隸制的廢除促進了建立共和國政治運動的發展，共和制在巴西建立起來。早期的奴隸貿易和「黃金熱」使巴西成為一個移民國家，多種語言和民族在這裡交匯。同時巴西也創造出了獨具特色的文化。

巴西狂歡節

　　狂歡節是西方許多信奉基督教的國家共有的節日，但是卻沒有哪個國家像巴西狂歡節這般火爆刺激。巴西是世界上公認的狂歡之鄉，巴西的狂歡節被譽為「地球上最偉大的表演」。狂歡節期間，巴西舉國上下都會湧上街頭盡情狂歡。人們有的身穿古裝，有的頭戴假面具，有的戴著印第安人的帽子，有的男扮女裝。飛舞的彩旗、絢爛的彩燈與多彩的服裝爭奇鬥豔。各個森巴舞學校的比賽和表演是狂歡節

宗教教劇是巴西戲劇史的開端，聖保羅的阿雷納劇院在戲劇界享有盛名。

主要城市

　　巴西原來是一個殖民地國家，也是葡萄牙在南美的唯一一塊殖民地，所以巴西的城市建築都帶有葡萄牙特色。巴西獨立後，政府大力發展城市建設，加強名勝古蹟的保護，另外還興建了許多旅遊設施。經過長期的發展，巴西已經成為具有較強吸引力的旅遊勝地。但是巴西是一個本身差異極大的國家，城市也呈現出強烈的對比。有經濟發達的南部都市，也有古老落後的東北部鄉間城市；有南美最大的城市聖保羅，也有人口稀少的貧民城市。這種古老與現代相結合的城市風格加上其旖旎的自然風光，使巴西正成為人們越來越神往的旅遊觀光勝地。

薩爾瓦多市在殖民統治時期曾是非洲奴隸貿易的中心。古都的風貌至今猶存。

的主要內容。森巴舞源於非洲，舞者圍繞著吉他彈奏者翩翩起舞，舞姿優美，節奏明快，使人振奮。巴西狂歡節還具有印第安文化特色，遊行中一些人背著弓箭，跳著印第安舞蹈，更為節日增添了歡樂的氣氛。

足球王國

　　足球是巴西人民熱愛的體育項目。在巴西，小孩子們常常都是上午上課，下午去體育場，7歲～15歲的孩子80%都去踢球。從街頭巷尾到綿延沙灘，足球幾乎深入巴西的每個角落。正是由於足球運動的普及，再加上巴西完善的選拔制度，和眾多高水準的職業足球俱樂部及聯賽，巴西足球達到了世界最高水準。巴西國家足球隊不僅受到巴西人民的熱愛，在全世界也有許多球迷。巴西擁有一批非常優秀的球員，球王比利、羅納度等都是聞名世界的國際球星。

聖保羅市是巴西著名旅遊城市，市內具有現代化氣息的高樓大廈鱗次櫛比。

高原上的首都：巴西利亞

巴西利亞位於戈阿斯州境內的高原上，海拔1,100公尺左右，與八座衛星城組成聯邦區。巴西利亞是一座年輕的城市，1956年動工興建，1960年正式遷都到這裡。巴西利亞是巴西的政治中心，經過精心規劃，現在已經成為一個具有巴西現代建築特色的城市。整個城市設計成十字形：住宅林立的長軸心大道與寬闊的林蔭大道垂直相交；聯邦政府的建築多分布在這條林蔭大道上。巴西利亞的文化設施有1962年建立的巴西利亞大學、國家劇院和巴西利亞博物館等。另外，巴西利亞還是巴西的交通中心，公路和鐵路暢通。

薩爾瓦多市位於萬靈節灣口的東側，坐落在海濱的山坡上。隨著化工和石油工業的發展，薩爾瓦多港口逐漸繁忙起來，這個古老的城市也隨之越來越繁華。

南美第一大城市：聖保羅

聖保羅不僅是巴西、也是南美洲的第一大城市，位於聖保羅高原東部。城市初建時由於種植業的繁榮而興旺和發展，並由此成為世界上最大的咖啡交易地。聖保羅在19世紀迅速發展起來。聖保羅市是拉丁美洲最大的工業中心，工業部門比較齊全，工業企業約有3,000家。聖保羅也是巴西的文化中心，有許多著名的大學和各種研究所。聖保羅還是巴西著名的旅遊城市，市內街道起伏不平，寬闊的綠茵草地襯托著具有現代化風格的高樓大廈。

累西腓的市場上出售具有宗教色彩的小飾品。

🌐 經濟

巴西經濟實力居拉美首位，是世界第十大經濟實體。服務業、工業和農牧業為國民經濟的支柱產業。1967年～1974年是巴西經濟的高速增長時期。20世紀80年代經濟一直處於停滯甚至嚴重衰竭和高通貨膨脹狀態中。從20世紀90年代開

始，巴西向外向型經濟模式轉軌，經濟發展收到一定成效。2000年，巴西政府繼續進行經濟、金融和產業結構調整，經濟有所復蘇。2001年，由於爆發全國性電力危機、以及受到全球經濟衰退和阿根廷經濟危機影響，巴西經濟增幅下降。

實力強大的工業

第二次世界大戰以後巴西的工業得到很快發展，已經建立了完整的工業體系。工業基礎雄厚，發展速度僅次於日本，是少數發展中國家中工業發達的國家之一，實力居拉丁美洲國家的首位。

製造業是巴西工業結構中的主要產業，居拉美之首；電子、軍工、飛機製造業等已經躋身世界先進國家之列。巴西擁有的豐富礦藏資源是發展採礦業的後盾。巴西還是拉美最大的鋼鐵生產國，鋼鐵工業各環節設備能力基本配套，擁有較先進的煉鋼和軋鋼設備。另外，能源是巴西三大優先發展部門之一。1984年巴西制定「能源自給十年規劃」，1993年能源實現自給自足。

以種植業為主的農業

巴西地域遼闊，大部分人口居住在鄉村地區。2005年，農業產值占國內生產總值的8.4%左右。巴西農業以種植業為主，糧食作物主要是穀類、豆類和薯類。在農作物中播種面積最多的是玉米，其次是大豆和稻穀。巴西還是世界主要的木薯生產國。巴西的小麥產量遠不能滿足國內的要求，每年需大量進口。巴西的咖啡、柑橘、甘蔗產量居世界第一位，咖啡是其主要的經濟作物。同時，巴西也是世界上最大的咖啡生產國和出口國。巴西農作物主要分布在南部、東南部和東北部地區。

巴西利亞是巴西的政治中心，它是一個集巴西現代建築特色的現代化城市。整個城市猶如一架巨型飛機，市中心兩條垂直相交的幹線大道，猶如飛機的骨幹和機翼。

里約熱內盧的海灘風光綺麗、景色宜
人，最美麗的是形似彎弓的帕卡納海
灘。秀麗的棕櫚樹、遠處若隱若現的
小島，再加上海岸上高樓林立，這裡
的景色非常迷人。

美洲 巴拉圭  *PARAGUAY*

República del Paraguay

巴拉圭是南美洲中部的內陸國家，與阿根廷、玻利維亞和巴西三國為鄰。1811年以前是西班牙的殖民地，在1989年斯特羅斯納的獨裁統治被推翻之前，巴拉圭經歷了無政府狀態的混亂時期和軍政府統治時期。

在歐洲殖民者到巴拉圭以前，這裡就居住著原始的印第安部落。他們傳統的手工藝品至今昌盛不衰。

國家檔案

全名	**巴拉圭共和國**
面積	40.7萬平方公里
首都	亞松森
人口	678萬（2016年）
民族	95％為印歐混血人種，其餘為印第安人和白人
語言	官方語言為西班牙語和瓜拉尼語
貨幣	瓜拉尼
主要城市	亞松森、恩卡納西翁

右 ｜ 巴拉圭主要宗教是天主教，西班牙統治期間教會具有特權。戰爭使天主教會址成為廢墟。

經濟基礎薄弱

巴拉圭的經濟以農、牧、林業為主，工業基礎薄弱，是拉美最落後的國家之一，貧困人口占70%。主要經濟活動集中在首都及其附近地區。20世紀90年代後，巴拉圭政府實行新自由主義經濟政策，積極擴大對外貿易和引進外資，努力使巴拉圭經濟與南方共同體市場的其他3個成員國（巴西、阿根廷和烏拉圭），經濟能融為一體。2000年，為恢復經濟增長，政府採取了一些刺激經濟增長的政策，但收效甚微，經濟形勢依然嚴峻。

美麗的港口首都亞松森

亞松森是巴拉圭首都，地處巴拉圭河和皮科馬約河匯合處，是巴拉圭一座古老的城市，始建於1573年。該城曾是西班牙總督所在地，至今仍然保留著西班牙式的建築。城內西班牙式的教堂和住宅非常多。亞松森的地理環境很好，空氣清新，適宜居住。市內公園和街道的兩旁布滿了鮮花和綠草，人工噴泉也隨處可見。市區和郊區的山丘上滿是橘園，每到收穫季節，滿城橘紅，芳香四溢。巴拉圭人民把這座美麗的城市稱為「森林與水之都」，並把它比喻成美麗的少女。亞松森是全國唯一的大城市，也是全國的政治、經濟和文化中心，又是全國的交通樞紐。

美洲

烏拉圭  *URUGUAY*

Uruguay

烏拉圭是南美洲面積第二小的國家。它北鄰巴西，西界阿根廷，東南瀕臨大西洋。海岸線長660公里。在被西班牙人和葡萄牙人統治了近150年以後，烏拉圭於1828年獲得獨立。烏拉圭境內地勢平坦，大部分為丘陵和草原，平均海拔116公尺。多數人以放牧為主，牧場面積約占全國面積的80%以上，又稱「遍地牛羊的國家」。近年來旅遊業對該國經濟發展起了很大作用，但畜牧業仍是最重要的經濟部門。烏拉圭全國屬溫帶氣候，是世界上氣候最溫和的島國之一。冬季較為溫暖，嚴寒並不常見。

國 家 檔 案

全名	**烏拉圭東岸共和國**
面積	17.7萬平方公里
首都	蒙特維多市
人口	344.4萬（2016年）
民族	白人占90%以上，印歐混血人種占8%
語言	官方語言為西班牙語
貨幣	披索
主要城市	蒙特維多市、薩爾托

首都蒙特維多市在拉普拉塔河口，東部多海灣，是南美洲最好的天然港口，也是全國最大的港口。

204　環球國家地理〔全新黃金典藏版〕非洲·美洲·兩極

最受歡迎的體育：足球

足球在烏拉圭很普及，是男女老少都喜歡的體育項目，被定為「國球」。烏拉圭的足球項目發展較早，水準也很高，烏拉圭國家隊同巴西、阿根廷享有「南美三強」的稱號。烏拉圭國家隊曾獲得1930年第一屆和1950年第四屆世界盃足球賽的冠軍，在奧運會上也獲得過冠軍，可謂是世界強隊。全國有上千個足球俱樂部，有很多高水準的足球運動員。1928年建成的首都巨型體育館可以容納7萬名觀眾，每年在這裡都會舉行重大的足球比賽。烏拉圭還是主辦第一屆世界盃足球賽的國家。

烏拉圭地勢低平，無高山，氣候受洋流的影響非常顯著。巴西暖流給烏拉圭帶來了溫暖和雨水，這裡的植被生長茂盛。

旅遊勝地：海濱浴場

在首都蒙特維多市市郊有許多著名的海濱浴場，如卡布羅、拉米勒斯、柏西特斯、卡拉斯等。它們在濱海公路的東岸，是一片風景秀麗、空氣清新的海濱旅遊場所。穿過蒼翠的山巒，繞過岬角，再繼續往東，就會看見一望無際的海岸線。遠遠望去，海岸線上的海濱浴場星羅棋布，其中最著名的是東岬角浴場。一年一度的電影節就在這裡舉行。這裡還有設施完備的運動場所，供人們娛樂和休閒，是一個理想的旅遊勝地。

以農牧業為主的經濟

烏拉圭是一個傳統農牧業國家。工業不發達，以農牧產品加工業為主，經濟依賴出口。20世紀90年代以來，政府實行新自由主義經濟政策。2001年以來，政府採取了緊縮財政、降低稅率、加快私有化等一系列發展經濟的措施，取得一定成效，但由於阿根廷經濟危機和巴西貨幣貶值導致烏拉圭外部經濟環境惡化，經濟連續3年出現衰退，財政赤字，外貿逆差增大，失業率居高不下，多數宏觀經濟預定目標難以實現。

Travel Smart

遍地牛羊的國家

烏拉圭地勢平坦，草原遼闊，有發展畜牧業的良好條件。畜牧業在國民經濟中占有十分重要的地位，全國共有1,100萬頭牛和1,000萬隻羊。弗賴本托斯是肉類加工中心，肉製品和乳製品是主要的出口產品。烏拉圭是世界上肉類和羊毛的主要出口國。羊毛的出口量僅次於澳洲和紐西蘭，居世界第三位。在潘帕斯草原飼養著從歐洲引進的亞伯丁-安格斯牛和赫里福牛，這兩種牛是用苜蓿草餵養的，所以都是瘦肉型。

烏拉圭的森林面積占全國面積的1/3，
木材加工業已經進入到現代化行列。

全國的中心:蒙特維多市

蒙特維多市是烏拉圭的首都,位於拉普拉塔河口北岸。「蒙特維多」在葡萄牙語中的意思是「我看見一座山」。在1519年,航海家麥哲倫率領的船隊到這裡時,一位船員看見一個隆起的山包,便喊到「我看見一座山」。這座城市因此得名。現在的蒙特維多市由舊城和新城兩部分組成。舊城街道布局比較完整但很狹窄,西班牙式的建築風格和寧靜氣氛構成舊城的特色。新城的中心街道是為紀念國家獨立而命名的「七月十八日大街」。大街兩側的高樓大廈拔地而起,呈現現代化的城市風貌。

上 | 蒙特維多市市政府大樓。

下 | 蒙特維多市著名的「獨立廣場」,民族英雄阿蒂加斯身跨戰馬的巨大銅像矗立在廣場中央。

阿根廷

ARGENTINA
República Argentina

阿根廷位於南美洲東南部，東瀕大西洋，南與南極洲隔海相望，西隔安地斯山脈與智利為界，北與玻利維亞、巴拉圭交界，東北與烏拉圭、巴西接壤。海岸線長4,000餘公里。南北溫差懸殊，氣候複雜多樣。北部屬熱帶氣候，中部屬副熱帶氣候，南部為溫帶氣候。其國土覆蓋了南美洲大部分地區，從北部的副熱帶森林，橫貫中部土壤肥沃的潘帕斯大草原，直到南部的巴塔哥尼亞山地。在南美洲國家中，阿根廷經濟相對比較發達，國民生活水準較高。

阿根廷擁有漫長的海岸線，沿海形成許多天然的海港，氣候適宜，景色迷人，經常可以看到成群的企鵝棲息。

國家檔案

全名	**阿根廷共和國**
面積	278萬平方公里
首都	布宜諾斯艾利斯
人口	4,385萬（2016年）
民族	白種人占97%，多屬義大利和西班牙後裔
語言	官方語言為西班牙語
貨幣	披索
主要城市	布宜諾斯艾利斯、羅薩里奧、科爾多瓦、拉普拉塔、聖米格爾－德圖庫曼

冰川國家公園

冰川國家公園位於阿根廷聖克魯斯省西南部的安地斯山脈，這裡有除南極大陸和格陵蘭島以外世界上最大面積的冰原。這裡積雪終年不化，為冰原的形成創造了十分有利的氣候條件。公園面積4,457平方公里，西接

潘帕斯草原的牧羊人

潘帕斯草原是阿根廷占地面積最大、物產最豐富的地區。這裡地勢低平，土地肥沃，氣候溫暖，是阿根廷畜牧業最發達的地區。這裡的牧民眾多，他們身穿波丘服，在廣闊的草原上遊牧和生活，大草原培養出他們豪放的性格和健壯的體格。放牧牛羊不僅能使這裡的牧民聚集在一起共度歡樂時光，而且能促進民族間的友好關係和相互協作的能力。這是一片廣闊的草原，牧羊人必須具備強健的體格和超乎常人的耐力。他們的生活艱辛、孤獨，歲月奔波的痕跡寫在每一個牧羊人的臉上，只有在剪羊毛和歌舞晚會時才能使他們忘卻這一切。

阿根廷地形複雜多樣，再加上其國土南北過長，形成了特殊的氣候環境。北部氣溫較高；南部靠近南極，非常寒冷。

科爾多瓦的安達盧西亞清真寺是一座西班牙風格的建築物，呈現拱型，體現了中世紀的建築風格。

智利國界，自北向南有多座山峰，它們是園內多條冰川的發源地。公園東部湖區以阿根廷湖為首，是多條冰川的彙集之處，它們都是在第四紀冰川時期形成的冰川湖。莫雷諾冰川是公園內唯一還在成長發展的冰川，長35公里，其前緣為一道寬4公里、高60多公尺的冰壩，矗立在湛藍的阿根廷湖面上，蔚為壯觀。公園內的冰川群中，最大的是烏普薩拉冰川，常有澄藍的巨大冰山流入湖中，使湖面上漂浮著由冰川崩裂而形成的大小不一、形狀各異的晶瑩冰塊。它們在陽光的照射下，散發出耀眼的光彩，虛幻迷離，美不勝收。

阿根廷大多數咖啡廳的內部裝飾都具明顯的西班牙風格。

豐富的自然資源

阿根廷是一個自然資源豐富的國家，有豐富的礦產資源、茂密的森林以及豐富的漁業和水力資源。其礦產資源有石油、天然氣、煤炭、鐵、銀、硫磺等。森林茂密，林業資源極其豐富，森林面積占全國總面積的45.8%，居拉美第二位，主要分布在北部和西部的米西奧內斯、圖庫曼及查科平原。另外，阿根廷擁有漫長的海岸線，沿海大陸棚面積達96萬平方公里，因而擁有豐富的漁業資源。

相對發達的經濟

阿根廷工業門類齊全，農牧業發達，是世界糧食和肉類的主要生產國和出口國。20世紀80年代，阿根廷曾發生過嚴重的債務危機，國民經濟大幅衰退。1991年開始實行以披索與美元固定兌換率為基礎、私有化為核心的新自由主義經濟政策，國民經濟增長幅度較大。受東南亞經濟危機和巴西金融動盪的影響，阿根廷經濟自1998年下半年開始下滑。2001年，阿根廷經濟連續第四年衰退，為避免金融系統崩潰，政府於12月1日宣布凍結銀行儲蓄存款的緊急經濟措施，引發大規模社會騷亂並導致聯合政府垮

瑪黛茶是阿根廷所特有的，這種茶沏在圓形或葫蘆形的壺裡，壺頂插滿管口扁平的細管。瑪黛茶已經成為友誼的象徵。

台。杜阿爾德總統上台後採暫停償還外債，取消固定匯率制等措施，但迄今難以擺脫經濟危機。

美洲巴黎：布宜諾斯艾利斯

布宜諾斯艾利斯在西班牙語中的意思是「好的空氣」，早期是一個殖民城市，成為阿根廷的首都後，在經濟、文化上迅速發展起來。現在的布宜諾斯艾利斯是一個現代化的工業城市，也是南美洲最大、最繁華的城市之一，多年來一直享有「南美巴黎」之美稱。在這座城市幾乎看不到黑人和印第安人，大部分人是歐洲人的後裔。城區有150多萬西班牙人，是僅次於馬德里和巴賽隆納的世界第三個西班牙人最多的城市。城市內的建築風格包括歐洲古今各種造型，很難看到兩座外形完全相同的建築物。「五二五」廣場是城市的中心，許多著名大街呈輻射狀從廣場延伸出去。布宜諾斯艾利斯還是南美洲重要的文化中心和阿根廷最重要的工農業產地，這裡有許多大學、科學院及其他科研機構。

麥哲倫海峽位於南美大陸的最南端，是連接太平洋和大西洋的天然海道，海面上的木樁上總能看見棲息的水鳥。

地球最南端的城市烏斯懷亞

烏斯懷亞是火地島的首府，從烏斯懷亞渡海到南極洲大陸最近處僅有900多公里，是地球上最南部的城市。城市中間有一條被稱為比格爾海峽的水道，是太平洋和大西洋的分界線。烏斯懷亞扼守海峽咽喉，向東可去馬爾維納斯群島，向西可至大西洋，南可到南極洲，戰略位置極為重要。烏斯懷亞城市前面是比格爾海峽，後面為雪白的勒馬爾歇雪峰。烏斯懷亞還是阿根廷的海軍基地和南極考察隊的後方基地，海港設施完備。

「五二五」廣場是布宜諾斯艾利斯的中心，許多著名大街呈輻射狀從廣場延伸出去。

美洲 智利

CHILE
República de Chile

智利位於南美洲西南部，安地斯山脈西麓。東鄰阿根廷，北界秘魯、玻利維亞，西瀕太平洋，南與南極洲隔海相望。海岸線總長約1萬公里，是世界上最狹長的國家，南北長4,352公里，東西寬96.8公里～362.3公里。沿海山脈和安地斯山脈中間是中央大草原，大部分人口居住在聖地牙哥周圍富饒的中心地帶。境內多火山，地震頻繁。智利屬於中等發展水準的國家。20世紀80年代起，皮諾切特領導的軍政府採用「芝加哥學派」的經濟理論，實行對外開放的自由市場經濟政策，1984年以後經濟連續15年以年均6.5%的速度增長，被世界銀行和西方國家譽為「拉美經濟發展的樣板」。

國 家 檔 案

全名	**智利共和國**
面積	75.61萬平方公里
首都	聖地牙哥
人口	1,791萬（2016年）
民族	印歐混血人種占75%，白人占20%，印第安人占3%，其他占2%
語言	官方語言為西班牙語。在印第安人聚居區使用馬普切語
貨幣	披索
主要城市	聖地牙哥、瓦爾帕萊索、康塞普西翁

這些巨石像幾乎都是長臉，長耳朵，雙目深陷，鼻子高而翹，一雙長手放在腹部，面朝無邊的大海昂首凝視，神色茫然。

復活節島

復活節島位於太平洋東南部，是一個火山島，屬瓦爾帕萊索大區。1722年荷蘭探險家雅可布‧洛吉文在復活節那天登上此島，該島以此得名。1888年正式歸入智利版圖。島四周有600尊面對大海的巨大半身石像，一般高7公尺～10公尺，重90噸，整齊地排列在4公尺多高的長形石座上，共約100座石台。島東南部山區還有300尊未完工的巨大石像，其中最高的達22公尺，重400噸。還有40餘個神祕洞穴和刻在石上迄今未破譯的象形文字。無論是完工的還是半成品，絕對找不到一尊帶有喜悅神態的石像，他們或憂鬱，或沉思，或冷漠，或嚴肅。這些巨大的石像無論是構思還是藝術風格，均由島上匠人獨自創作，不受外界影響。復活節島上沒有金屬礦石，也沒有雕刻和機械的運載工具。島民是如何運送這些雕像，又如何把它們直立起來？至今仍令人百思不得其解。

東西安地斯山脈

智利的東面為安地斯山脈的西坡，約占智利東西寬度的1/3。安地斯山脈斜坡的形態在南部和北部有很大的差異。在北部與秘魯、玻利維亞的國界上，有平均3,000公尺高的台地，由此再往南地勢就更高了，尤其是面向智利的坡面，不但有巨大的侵入岩，又有一連串被萬年積雪所覆蓋著的高火山，這一帶是僅次於喜馬拉雅山脈的高山地帶。從這一帶往南不但平均海拔降低，而且山脈的寬度也逐漸變窄。安地斯山脈的南部地區從此地開始，一直延伸到巴塔哥尼亞、安地斯山脈和火地島。其地勢越往南極高度越下降。

聖地牙哥分為18個區，市中心為當地的最早建造，有高大的建築群。

瓦爾帕萊索位於太平洋海灣的南岸，城市依山傍水，風景優美。

多地震的國家

安地斯山脈一帶地震頻繁，智利境內有奧亞圭火山、聖佩德羅火山、尤耶亞科火山、邁波火山和特羅納火山等。首都聖地牙哥以東的圖蓬加托火山海拔6,800公尺，是世上最高的活火山。火山活動常引起地震，因此智利是個多地震國家。僅20世紀就發生過3次大地震：1906年8月6日，發生8.6級地震，死亡2萬人；1939年1月24日，發生8.3級地震，死亡2.8萬人；1960年5月21日，發生8級地震，死亡5,000人。

差異很大的氣候

智利因地形的差異致使南北氣候變化很大，環境也各不相同。從與秘魯的交界處到拉塞雷納的北部屬乾燥地帶，雖然處於熱帶，但因地勢較高使得氣溫稍為緩和，阿塔卡馬沙漠平均氣溫20℃。由於從亞馬遜盆地吹來的潮濕氣團被安地斯山脈擋住，使這個地區成為世界上最乾旱的地區之一。智利的中段是副熱帶地中海氣候，這裡溫暖適中，冬季溫和多雨，夏季涼爽乾燥。南部屬溫帶海洋性氣候，多森林和湖泊。在越過蒙特港的南部地帶，受寒帶氣候的影響較大，運河、海峽及冰河的降水量很多。

原始宗教咒語

印第安人過著狩獵、採集貝殼與漿果，捕殺海豹、鯨與鳥類的生活。儘管他們生活在智利最南端氣候寒冷多雨的地方，但他們一般只穿獸皮斗篷。用的獨木舟兩端尖翹，舟中有火爐。在智利印第安人的一些部落中，還保留有傳統的原始宗教咒術。咒術施行於某些儀式中，有時對病痛進行治療時也靠咒術。巫師在身上灑上神酒，然後祈禱、吸煙，在設於基地的神聖禱告台上扭動著身子，進入一種忘我的境界。

智利共和國的成立

西班牙侵占智利後，印歐混血人種逐漸占多數，隨著殖民地民族經濟的逐漸發展，建立起大地主寡頭對政治、經濟和社會的絕對統治地位。1808年拿破崙入侵西班牙，西屬美洲殖民地乘機掀起獨立運動。民族英雄貝爾納多·沃伊金斯號召民眾武裝起義，反對西班牙殖民統治。1810年9月18日，在聖地牙哥建立由智利人組成的聯合政府，宣布智利自治，此後這一天被定為獨立日和國慶日。西班牙駐秘魯總督率軍於1814年進攻智

精彩的圍牛比賽是智利著名的傳統民間體育活動，它起源於美國西部的牛仔競技。

利，企圖重建王權。沃伊金斯組織民眾進行抵抗鬥爭，自任國防軍總司令，最終打敗西班牙軍隊，於1818年2月12日正式宣告獨立，成立智利共和國，定都聖地牙哥。

居世界第一的銅礦業

智利工礦生產中，銅居首位。自1976年以來，銅的年產量均在100萬噸以上。銅的開採量和出口量均居世界第一位。智利有「銅的王國」之稱。智利的銅礦遍布全國，按其規模大小及在國民經濟中的地位，習慣上把它們分為大型、中型和小型銅礦。全國有丘基卡馬塔、埃爾特尼恩特、安第納和薩爾瓦多四大銅礦。丘基卡馬塔銅礦是世界最大的露天銅礦。這四大銅礦總產量約占全國總產量的80%以上。20世紀70年代，政府將其全部收歸國有，成為國營企業，至今仍由國營智利銅公司管理。

銅都：聖地牙哥

在世界上，特別是在美洲以聖地牙哥命名的城市、河流、島嶼，可謂不少，但作為國家首都城市取名為聖地牙哥的只有智利一國。據說，聖地牙哥是西班牙古代一名有修養的傳教士，死後升入天堂，成為西班牙的「

保護神」。哥倫布發現美洲大陸後，西班牙等歐洲殖民者蜂擁而至，以此命名了不少地方。聖地牙哥早年為西班牙駐智利總督所在地，曾數次遭受地震災害，發展緩慢。1818年智利獨立後成為共和國首都，此後，國家經濟逐漸集中於此，特別是發現銅礦後，這座美麗的城市得到迅速發展，現在已經發展成智利的經濟、文化和交通中心。

聖地牙哥地處沿岸山脈和安地斯山脈之間的河谷平原，東面的安地斯山巍峨聳立，它的底部和斜坡的山谷深處是肥田沃土。由於聖地牙哥地理位置獨特，這裡鮮花盛開、草木蔥蘢，遠處安地斯山皚皚白雪的壯麗景象

盡現眼前。聖地牙哥市被規劃成垂直相交的道路網，街道縱橫交錯，兩旁棕櫚樹亭亭玉立，掩映著造型優美的新古典式大樓，有時還能見到多次地震後殘存的古老建築。

聖地牙哥規劃整齊，總統府位於城市的心臟「兵器廣場」的北側，廣場前國旗高高飄揚。

智利工業生產以銅礦業為主，智利也是世界上唯一生產天然硝石的國家。

兩極
NORTH AND SOUTH POLES

南極洲 *ANTARCTICA*

兩極

南極洲位於地球的最南端，人們常稱的南極是指南極地區，由南大洋和南極洲組成，面積約5,200萬平方公里。其中南大洋面積3,800萬平方公里。南極洲又稱第七大陸，是地球上最後一個被發現且唯一沒有土著人居住的大陸。與其他大陸隔南大洋相望，是地球上最偏遠、最寒冷、自然景觀最壯觀的大陸，也是地球上至今領土主權懸而未決的大陸。

南極洲總面積為1,400萬平方公里，居世界各洲第五位。整個南極大陸被一個巨大的冰蓋所覆蓋，平均海拔為2,350公尺。南極大陸是世界上最寒冷、暴風雪最頻繁、風力最強、最乾燥的地區。整個南極洲有98%的面積常年被冰雪覆蓋著，只有2%的大陸或島嶼在夏季冰雪融化時露出大地。寒冷的氣候條件，使得這塊大陸缺乏土層和養料，植物種類很少。企鵝是南極動物的代表，其他還有海豹、海象、鯨等。

南極苔蘚

冰雪世界

南極洲面積約1,400萬平方公里。但南極大陸的真正面積只有1,200多萬平方公里，因為大陸的邊緣，有一部分是漂浮在海灣之上的陸緣冰，大約有150多萬平方公里。千百年不斷的積雪，把南極大陸堆成了世界最高的大陸。它的平均海拔為2,350公尺以上，比多山多高原的亞洲，還要高出1,400公尺。

構成高原地面的，大部分是萬年積雪，被科學家稱為「南極冰蓋」。它是現存世界上最大的陸地冰蓋，其面積約為1,330萬平方公里。南極冰蓋平均冰層厚度為1,800公尺，所儲存的冰占去世界所有大陸冰的90%。如果把世界所有河川湖泊的淡水全加起來，也只占全球淡水的1/4，其餘的3/4淡水就堆積在南極大陸上。南極冰蓋的淡水沒有污染，是世界最清潔的淡水後備水源。

上 ｜ 在冰架游泳的海豹。

下 ｜ 斷裂的冰塊宛如巨大的平台浮在海面上，頑皮的企鵝在岸邊盡情嬉戲。

北極地區 *ARCTIC REGIONS*

北極地區是指北極圈以北的廣大地區，包括北冰洋、諸多島嶼和亞、歐、北美大陸北部的苔原帶和部分泰加林帶，面積2,100萬平方公里，約占地球總面積的4.1%。其中陸地面積和島嶼面積占800萬平方公里，全部屬於八個環北極國家，但北冰洋仍屬國際公共海域。此外，北冰洋中北極圈內的斯瓦爾巴群島的行政主權儘管屬於挪威政府，但由於中國政府於1925年簽署了由海牙國際法院主持的「斯瓦爾巴條約」，因此至今中國人仍有權自由出入該群島，並在遵守挪威法律的前提下在那裡進行正常的科學和生產等活動。

北極熊因生活在天寒地凍的北極地區而得名，平時以捕捉魚類、海豹等為食，是北極名副其實的「冰上霸主」。

在北極，冰山亦與在南極一般隨處可見，它們在大海中隨波逐流，有時也會對航行的船隻構成威脅。

成群的燕鷗每年要隨著氣候的變化，
進行從南極到北極的長距離遷徙。

北冰洋

格陵蘭

加拿大

美國

大西洋

北太平洋

墨西哥

巴哈馬

古巴
海地 多明尼加
牙買加
貝里斯

聖克里斯多福及尼維斯
安地卡及巴布達
多米尼克
聖露西亞
巴貝多
格瑞那達
千里達及托巴哥

瓜地馬拉
薩爾瓦多
尼加拉瓜
哥斯大黎加
巴拿馬

宏都拉斯

加勒比海

委內瑞拉
蓋亞那
蘇利南 ★法屬蓋亞那

哥倫比亞

厄瓜多

祕魯

巴西

南太平洋

玻利維亞

巴拉圭

智利

烏拉圭

阿根廷

環球國家地理：
非洲‧美洲‧兩極

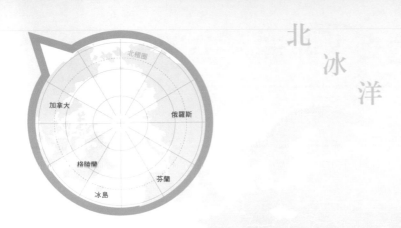

北冰洋

南大西洋

突尼西亞
摩洛哥
阿爾及利亞　利比亞　埃及
西撒哈拉
維德角　茅利塔尼亞　馬利　尼日　查德　蘇丹　厄利垂亞
塞內加爾　　　　　　　　　　　　　　　　　吉布地
甘比亞　　　布吉那法索　　　　　　　　　　索馬利亞
幾內亞比索　幾內亞　貝南　奈及利亞　　　　衣索比亞
獅子山　象牙海岸　迦納　　　中非　烏干達　肯亞
賴比瑞亞　　多哥　喀麥隆　　　　盧安達
赤道幾內亞　★　加彭　　　剛果共和國
聖多美普林西比　　　　　　蒲隆地　坦尚尼亞　葛摩聯盟
剛果民主共和國　　　　　　　　　　　　　塞席爾
　　　　　　　　　　　　　　　　　　模里西斯
安哥拉　　　　　　　　　　馬拉威
★　　　　尚比亞　　莫三比克　馬達加斯加　★
聖赫勒拿　　　　　　辛巴威　　　　　　留尼旺
納米比亞　波札那
　　　　　　　　史瓦濟蘭
南非　賴索托

南極

南極

環球國家地理：非洲・美洲・兩極

|全新黃金典藏版|

作　　者	《環球國家地理》編輯委員會
發 行 人	林敬彬
主　　編	楊安瑜
編　　輯	吳瑞銀、夏于翔
內頁編排	Aoife Huang
封面設計	Aoife Huang
協力編輯	陳于雯、丁顯維

出　　版	大旗出版社
發　　行	大都會文化事業有限公司
	11051 台北市信義區基隆路一段432號4樓之9
	讀者服務專線：(02) 27235216
	讀者服務傳真：(02) 27235220
	電子郵件信箱：metro@ms21.hinet.net
	網　　　　址：www.metrobook.com.tw

郵政劃撥	14050529 大都會文化事業有限公司
出版日期	2017年11月修訂初版一刷
定　　價	380元

Ｉ Ｓ Ｂ Ｎ	978-986-95038-8-4
書　　號	Image-22

Metropolitan Culture Enterprise Co., Ltd.
4F-9, Double Hero Bldg., 432, Keelung Rd., Sec. 1,
Taipei 11051, Taiwan
Tel: +886-2-2723-5216　Fax: +886-2-2723-5220
E-mail: metro@ms21.hinet.net
Web-site: www.metrobook.com.tw

國家圖書館出版品預行編目(CIP)資料

環球國家地理：非洲・美洲・兩極 (全新黃金典藏版) /《環球國家地理》
編輯委員會 編著. —— 修訂初版.
臺北市：大旗出版：大都會文化發行, 2017.11
224 面；17 x 23 公分 —— (Image ; 22)
ISBN 978-986-95038-8-4 (平裝)

1. 自然地理　2. 人文地理　3. 非洲　4. 美洲　5. 北極　6. 南極

716　　　　　　　　　　　　106016285